Der Friede unter den Religionen ist eine wichtige Voraussetzung für den Weltfrieden, und allein die Mystiker, nicht die Dogmatiker sind in der Lage, diese Annäherung zu bewirken. Das auf hohem Niveau geschriebene Buch von Steff Steffân offenbart das Sufitum als die mystische Essenz des Islam und als eine Quelle der Weisheit, der Toleranz und der Liebe. Bei einem solchen Verständnis des Islam wird diesem zweifelsfrei eine wichtige Rolle im zukünftigen Verständigungsprozeß der Weltreligionen und bei der Integration der Völker dieser Welt zukommen. Deshalb ist dieses Buch ein entschieden wichtiger Beitrag für alle, die sich mit dem Phänomen Islam und seiner Bedeutung auch für die westliche Welt befassen.

Christoph Reusch, Präsident der Weltfriedens-Union (WFU)

Viele mystische Systeme sind ihrem Wesen nach spekulativ. Die Sufi-Mystik des Islam ist ein direkter Weg zur Begegnung mit Gott, und Steff Steffâns Buch schafft einen direkten Zugang zur Sufi-Mystik. Der äußerst sachkundige Autor hält sich weder mit langatmiger Historie noch mit akademisierender Religionsphilosophie auf. Er führt den Leser ohne Umschweife zum geistigen Kern des Sufismus.

Felix R. Paturi, Autor von „Chronik der Technik" und „Chronik der Welt"

Über den Autor: Steff Steffân, Jahrgang 1948, ist ein bekannter Sufi-Lehrer. Er ist Direktor des Instituts für Sufi-Förderung und Sufi-Forschung. Er lebt in Oberösterreich. 1992 publizierte er: Sufi-Praxis; Die Sufi-Schule der Liebe

Für Johan Michael Moussa

Steff Steffân
Das erleuchtete Herz des ISLAM

*Die Sufi-Mystik der Erkenntnis und Liebe
Mit einer Auswahl der heiligsten
islamischen Meditations-Texte*

ALTIS-VERLAG

Mein Dank gilt Herrn Prof. Dr. Hilarion Petzold vom
Fritz Perls Institut für die Anregung zu diesem Buch.

Die Deutsche Bibliothek – CIP Einheitsaufnahme

Steffân, Steff:
Das erleuchtete Herz des Islam : die Sufi-Mystik der
Erkenntnis und Liebe ; mit einer Auswahl der heiligsten
islamischen Meditations-Texte / Steff Steffân. – 1. Aufl. –
Berlin : Altis-Verl., 1993
ISBN 3-910195-07-5

*Abbildung auf dem Einband: Kalligraphie des Gottesnamens (Al-)
Wadud (Der Sich-in-Liebe-Nähernde) von Hussein Abdul Fattah*

Mit Zeichnungen von Ingrid Schaar

*1. Auflage 1993
© by Altis Verlag GmbH, Berlin
Alle Rechte vorbehalten
Gestaltung: Armin Wohlgemuth
Gesamtherstellung: dtf, deutsch-türkischer fotosatz, Berlin
ISBN 3-910195-07-5*

Inhalt

- 8 Zum Geleit
- 11 Zur Einführung eine kleine Wirkungsgeschichte
- 14 Von der Herkunft des Sufitums
- 17 Über die ursprügliche Einheit von Mystik und Therapie
- 20 Vom Wesen der Metapsychologie
- 23 Die metapsychologischen Ausmaße der sufischen Lehre
- 28 Die religiösen Grundlagen des Sufitums
- 30 Der geistige Pfad
- 33 Über die Befreiung der Vernunft durch göttliche Paradoxie
- 40 Über das Erwachen aus dem gewöhnlichen Schlafe
- 43 Über die sufischen Lehren vom Sterben während des Lebens
- 47 Über das Herz als göttliche Schranke
- 49 Über die Befreiung vom Willen
- 53 Über die Befreiung von der Vorstellungskraft
- 56 Die Lehre vom vollkommenen Menschen
- 60 Über Brauchtum und Pflicht
- 65 Über die Waschung als heilige Pflicht
- 69 Über den Atem als Umwandlungsverfahren
- 74 Über die Erweckung der feinstofflichen Zentren und ihrer feinen Eigenschaften
- 79 Über die Heilkraft des Segens
- 83 Über den Sikr
- 88 Über Gebet und Wasifa als Verwandlungsverfahren
- 90 Über die geistige Schau
- 93 Über die sinnbildliche Führung durch einen Scheich

99 Besinnungen aus dem Islam – nach Hadithen des Propheten Mohammed
111 Zur Umschrift und zu Schreibbesonderheiten
112 Anmerkungen
122 Erläuterung der Fachausdrücke und Eigennamen
131 Angeführte Literatur

Sufismus ist mitten im Trubel der vielen Religionen unendlich präsent. Denn in der Identitätskrise der Gegenwart muß jede Religion aus ihrer Mitte heraus den Weg finden, der sie in eine neue Menschlichkeit führt. Sufismus ist Theokratie der Seele. Daraus kann sich die äußere Ordnung ergeben. – Den Fundamentalisten „des Islam" gehört an vielen Orten der Erde die Macht. Aber den Sufis gehört der Sinn. Was auf die Dauer mehr wiegt, ist keine Frage.

Georg Schmidt, „Im Dschungel der neuen Religiosität"

Zum Geleit

Der Mensch denkt weit mehr, als er liebt.

Beim Stichwort „Islam" werden, fast automatisch, diese Stereotypen in uns provoziert: Das Banner des Sterns mit der Sichel. Die „Religion von Feuer und Schwert". Wozu sich noch das Bild der „Paradies-Huren" gesellt. Der Islam schreckt, da er als militant-fanatisch und leidenschaftlich-sinnlich gilt. Auch hat er unsre Fantasie mit seinen Harems, Odalisken und Eunuchen genährt – und mit dem Sturm der Janitscharen vor Wien. Europa glaubt sich seit langem islamisch bedroht. Was nach dem Niedergang des Kommunismus gerade jetzt zu einer neuen, weltweiten Linie der Abgrenzung neben der Nord-Süd-Trennung wird: Die ganze nicht-islamische Welt fühlt sich vom fundamentalistischen Islam in seiner Nabelschau gestört.

Daß der Islam dennoch ein tiefes Heil und Heilsein verspricht, das scheint den wahren Kennern des Islam vor allem durch dessen weltbekannte Mystiker verbürgt. Im Jahr 1991 wurde zum Beispiel der Sufi-Liebes-Dichter Yunus Emre mit einem UNESCO Gedenkjahr geehrt.

Hierzulande haben Herder, Heine, Goethe (und Dutzende der größten Geister) die Sufi-Mystik des Islam verehrt. Wagner wie Nietzsche haben für den Sufi Hafis nachgerade euphorisch geschwärmt. Klabund oder Hauptmann wollten selber Sufis werden, und Rückert propagierte als einer der ihren ihr geistiges Werk.

Diese Sufis sind das, was in der Schale des oft befremdlichen Islam den Hunger oder Durst nach einer Herzens-Kraft und einem Herzens-Saft bei jedem Finder ihrer Früchte stillt. Sie sind bezüglich des Islam dessen inneres Werk. Sufismus, die islamische Mystik, ist die versteckte

Innerlichkeit des Islam. Die Sufi-Mystik der Erkenntnis und Liebe ist die Brücke, die der Islam zu jeder Form des Nicht-Islam hin schlägt. Als solche ist sie in der Konfrontation dieser Zeit überlebensnotwendig. Sie ist die ausgestreckte Hand, die verständigungsbereit ist. Aus diesem Grunde dieses Buch, das neben dem Schlachtfeld der Ideologie sein Lager der Liebe aufschlägt und das eine Einladung zum Verständnis der Erlebnis-Tiefen des Islam und seiner befreienden Geistigkeit ist.

Historisch werden die Sufis, zusammen mit den Propheten und Sehern, zum ersten Mal im Alten Testament, im 2. Buch der Könige, erwähnt. Das Todesjahr des Propheten Mohammed (632) markiert ein zweites wichtiges Datum: fünfundvierzig Männer aus Mekka und fünfundvierzig aus Medina schlossen sich durch einen Eid zum ersten Sufi-Bund zusammen. Im 7. Jahrhundert wurde von *Hassan al-Basri* die erste Sufi-Schule gegründet. Und etwa um das Jahr 1100 kam es zur ersten Ordensgründung.

Die Sufis betonen das Herz und die Liebe; und diese gezielte Betonung zeichnet sowohl die Sufi-Praxis als auch die meisten Sufi-Werke aus. Ihr Leben dreht sich um die Liebe, und diese geht mit der Erkenntnis einher. Nicht Leiden um des Leidens willen, nur leiden weil man liebt, das ist das Motto, nach welchem sie leben. Die Liebe macht den Sufi trunken, die Erkenntnis fängt seine Nüchternheit auf. Zwischen diesen beiden Polen „tanzt" er seine Schöpfung aus. Doch durch die Disziplin seiner täglichen Übung bleibt das Leben eines Sufis präzise. Sufitum ist keine Schwärmerei und grenzt sich seit alters her ab gegen alles heutige New Age und ähnliche Moden. Denn Sufis leben nicht getrennt, sondern sie stehen mitten im Leben. Klöster, Konvente sind Ausnahmefälle, denn ihr Auftrag und Sinn liegt viel eher darin, die Liebe und den Geist *in* die Gesellschaft zu tragen, so daß auch die Teilnahme der Frau an der mystischen Praxis zur Regel im Leben der Sufis gehört.

Heute gibt es weltweit 73 Sufi-Orden oder -Wege. Die Anhängerzahl schwankt, je nach Beobachterstand, zwischen zwanzig und vierzig Millionen. Auch in den USA und Europa sind alle diese Orden durch ihre Form des ‚Webens' – durch Geisteswerke – tätig.

Dieses Buch hat sich zur Aufgabe gesetzt, die *geistige* Welt dieser mystischen Weltbewegung von einem Experten, der selbst an ihr beteiligt ist, von innen her zu durchleuchten und sowohl das unermeßlich weite Menschenverständnis der Sufis als auch ihre Idee seiner möglichen, noch lange nicht erreichten Entwicklung ohne Ungenauigkeiten aufzuzeigen.

Im Frühjahr 1993
Steff Steffân

Zur Einführung eine kleine Wirkungsgeschichte

Geistiges Dasein zeigt sich im Wirken. Der Geist hinterläßt entsprechende Werke. Denn „an ihren Früchten sollt ihr sie erkennen ...!" Was auch für die islamischen Mystiker gilt: die Derwische oder auch Sufis. Wobei die Sufis vollendete Derwische und die Derwische Sufi-Aspiranten, d. h. unvollkommene Streber auf dem Weg der Sufi sind. Die islamische Mystik ist nur Mittel und Weg, um zum Islam, zur Gottergebenheit zu gelangen; die ansonsten unerfüllbar, unerreichbar auch für normale Muslime bleibt.

Das sind die „Geschenke", die wir den Sufis verdanken:
- den aufgebrühten Kaffee, den sie zum Wachsein beim „Tanzen", ihrer Hauptübung, erfanden,
- die Hose, die wir heute tragen,
- die Rosenkreuzer, Templer – und Baumeister, die ihre Lehren wie Symbole im sufischen Orient fanden,
- den Endreim, wie den Roman – als literarische Gattung,
- den Bolero und den English Waltz, wie auch den Blues als – Farben der Musik,
- die romantische Liebe – die die Troubadoure (=Wander-Derwische) und ‚Chesters' im zwölften Jahrhundert zum europäischen Kontinent brachten,
- die schönsten Bauwerke der Welt: das Taj Mahal, die Kathedrale von Chartres, die Moscheen von Isfahan und Sarmarkand – und die Alhambra in Granada,
- Al-Andalus – Andalusien war ihr vollendetes Land,
- Thomas von Aquin, Raimundus Lullus, Ignatius von Loyola, Meister Ekkehart und Franz von Assisi haben das Beste von ihnen gelernt. Meister Ekkehart zum Beispiel war extra nach Paris gereist, um Bücher Algasels

(Al-Ghasalis) zu lesen. Lully (Raimundus Lullus), zum Beispiel, hat sich ausdrücklich auf „los Sofis", auf die „Hundert Namen Gottes" der Sufis, und auf Sufi-Quellen für seine Schriften bezogen.

- Shakespeare und Chaucer, Boccacio und Dante waren sufisch inspiriert,
- und Roger Bacon wie Descartes haben Sufi-Wissen importiert,
- Paracelsus und Averroes sind beide Sufis gewesen,
- von ihnen stammt die Abstraktion in der Kunst,
- sie sind die „Propheten" und „Seher" gewesen. Worüber uns das Alte Testament (im 2. Buch der Könige) ausdrückliche und die „Sufi" bei ihrem Namen nennend Auskünfte gibt.

Ihr Wirken erstreckt sich bis in unsere Tage. Was sich aus Hinweisen von Doris Lessing (die eine Sufi-Schülerin oder eher eine Sufi-Meisterin ist) bis Robert Ranke von Graves, von Jorge Luis Borges bis Ted Hughes leicht ablesen läßt. Auch Philosophen wie Rudolf Bahro oder Roger Garaudy – und viele andere geben ihre Kommentare und ihr Sufi-Verständnis von heute dazu. Für sie sind wahre Politik und Sufitum identisch:

„Aus seinem Leben einen Ort zu machen", sagt Garaudy, „an dem das Göttliche sich kundtun kann. Ein einfaches, wie geradliniges Wesen zu werden – wie eine Schilfrohrflöte, durch die der Atemzug Gottes hindurchgeht und singt: das ist die Lebensentscheidung des Sufi ..."

Was Rudolf Bahro, wie Garaudy ein Späteinkehrer in den Sufismus, mit den folgenden Worten zum Verständnis der Sufi ergänzt:

„Das Geheimnis des Feuers, das in [den Texten der islamischen Mystiker ist], heißt ‚sikr'. Das ist eine von den

Sufi, den Derwischen, d. h. den praktizierenden Mystikern des Islams, tradierte Technik der ‚Gotteserinnerung‘ bzw. der Kontaktaufnahme mit der Lebensquelle in uns. Gewiß sind da auch Worte, Lehren, aber sie kommen aus einem Herzen, das wie der flammende Kelch des Jan Hus ist, der ... begleitet ist vom Ruf ‚Die Wahrheit siegt!‘. Und [das zudem] befeuert von einer an die Namen Allahs gebundenen Atempraxis ist ..."

Innerhalb des Islams haben die Sufis, wiewohl sehr häufig von orthodoxer Seite verfolgt, die Stellung „derer mit Herzen" behauptet. Sie haben, auch gegenüber der Macht und den veräußerlichten Gelehrten, die Innen-Lehre des Islam bewahrt. Wenn man so will: die Gottesnähe. Indem sie diese suchen, begegnen sie der Veräußerlichung der Lehre, ihrer Erkaltung im Pharisäertum. Die Sufi sind die Prediger der Liebe und die Heiler religiöser Sünden gewesen. Sie widersprechen und widertun, wenn die Hierarchie der Werte verkehrt wird. Bei ihnen ist die islamische Wärme. Sie sind das Siegel des Islam. Und seine Garantie ...

Von der Herkunft des Sufitums

*Johannes war Sufi und auch Jesus war Sufi.
Sufi ist der, der ganz und gar durchsichtig geworden ist.*[1]

Geschichtlich besehen gibt es nach Ansicht der Gelehrten vier grundlegende Herkunftsdeutungen des Sufitums. Zum ersten die Auffassung der Sufis selbst, die wir hier als die tatsächliche ansehen müssen: das Sufitum sei das verborgene esoterische Bild der Lehre des Propheten Mohammed und demzufolge die islamische Mystik. Zweitens: das Sufitum sei ein arischer Gegenzug gegen die aufgezwungene semitische, vor allem gegen die islamische Religion und seinem Wesen nach vornehmlich indisch. Drittens: die islamische Mystik gehe in erster Linie auf den Neuplatonismus zurück. Und viertens: das Sufitum sei selbständig, rätselhaft, zeichenhaft, unabhängig von fremden Einflüssen jedweder Art entstanden. Darüber hinaus bestehen geschichtliche Hinweise der Gelehrten bezüglich der Ursprünge des Sufitums verschiedener Art. So wurde erklärt, daß die Wollkleidung der Sufi letztlich auf Johannes den Täufer zurückzuführen sei, daß der Ursprung des Sufitums aus dem Zoroastertum stamme (eine Auffassung, die der in London geborene Inder *Pir Vilayat Inayat Khan* vertritt), daß das Sufitum schlußendlich auf den Propheten Mani und das Manichäertum zurückzuführen sei. J.G.Bennet, der berühmte Gurdieff- und Ouspensky-Schüler, der, was wenige wissen, auch als *Mevlevi*- und *Naqschibandi*-Derwisch eingeweiht war, ging sogar so weit, einzelne bedeutende Sufis, und insofern das Sufitum inbegriffen, als tätige Meister der „Demiurgischen Intelligenz"[2], als die „Meister der Weisheit" zu bezeichnen, die dazu auserkoren seien, die geschichtlichen und geistesgeschichtlichen Schicksale der gesamten Menschheit zu betreuen.

Die wortgeschichtliche Deutung des Namen Sufi bringt eher zusätzlich Verwirrung bezüglich einer möglichen Herkunftsdeutung des Sufitums als Aufklärung. Das Wort Sufi bedeutet wörtlich „wollen" und übertragen „die Träger der Wolle". So betrachtet könnte das Tragen der Wollkleidung tatsächlich auf Johannes den Täufer zurückzuführen sein, zumal es wenig Zweifel daran geben kann, daß eine wollene Kleidung bereits in vorislamischer Zeit gedanklich mit der Geistigkeit verknüpft wurde. Nach einer Deutung des englischen zeitgenössischen Sufi Dr. Martin Lings hätte es der Prophet Mohammed andererseits kaum für wichtig erachtet, zu erwähnen, daß Moses ganz und gar in Wolle gekleidet war, als Gott zu ihm sprach. Dessen ungeachtet scheint das Tragen von Wolle unter den Sufis zu keiner Zeit allgemein verbreitet gewesen zu sein. Eine Deutung hierzu ist die, daß eine kleinere Gruppe von Sufis möglicherweise eine wollene Kleidung getragen habe und der ihnen aufgrund dieser Tatsache zugeschriebene Name auf die größere Gemeinschaft der Sufis als ganze ausgedehnt wurde. Die arabische Wurzel des Wortes Sufi, die aus drei Buchstaben sad-wau-fa besteht, hat die Grundbedeutung von Wolle und, gemäß der gerade für die Sufis wichtigen Wissenschaft der Buchstaben, eine geheime Wesensgleichheit mit der Wurzel sad-fa-wau, die die Grundbedeutung von „Reinheit" und „Durchsichtigkeit" hat. Demgemäß könnte von den Sufis auch als von den „Reinen" gesprochen werden oder von denjenigen, die durch Gott selbst ganz und gar von den Schleiern der Unkenntnis gereinigt und durchsichtig, durchscheinend geworden sind. So durchsichtig, daß sich Gott durch sie hindurch der übrigen Welt offenbart, wie eine durchsichtige Vase das in ihr bewahrte Wasser offenbart. Da im Arabischen Verben häufig ohne Vokale geschrieben werden, ist die erwähnte Wurzel für das Auge wesensgleich mit *sufiya*, mit der Bedeutung „er wurde als ein inniger Freund erwählt". Dieser Hinweis ist um so bedeutungsvoller, wenn man weiß, daß einer der Namen des Propheten Mohammed, auf den sich die Sufis als ihr eigentliches Urbild beziehen, *al-Mustafa,* „der Erwählte", „der Auserwählte" war und aus eben der gleichen Wurzel stammt. Manche Gelehrte gehen so weit, den griechischen Begriff ‚Sophia', „Weisheit", als wortgeschichtlichen Ursprung des Wortes Sufi anzunehmen. Wenn wir die Herkunftsdeutung des Wortes Sufi auch sinngemäß annehmen könnten, demgemäß, daß wir einen Sufi als die Verkörperung göttlicher Weisheit betrachten, so kann doch eine etymologische Ableitung von griechisch Sophia nicht für gültig angenommen werden. Eher in Frage kommt die Herkunftsdeutung von *achl suffa,* der Benennung einer Gruppe von Gefährten des Propheten Mohammed, die wie er ein Leben ständiger Versenkung ins Gebet und ständiger Erinnerung Gottes auf sich nahmen, um dem Vorbild des Propheten zu folgen. Bedenkenswert ist auch eine wortgeschichtliche Deutung, die besagt, daß das Wort Sufi nicht mehr sei als ein rätselhaft eindringliches, jedoch nicht sinnhaftes Zeichen, eine Lautfolge, die, wenn sie auf die Buchstabenfolge *s u f* eingeschränkt werde, eine nachhaltige, geheimnisvolle Wirkung in der Seele eines zu Gott strebenden Weggefährten des mystischen Weges habe, also eine Art die Seele heiligenden und das Herz in Schwingung versetzenden Mantras sei und insofern selbst ein Sinnbild der Mystik, ein Geheimnis der Sprache; und das Sprechen dieses Wortes göttlich geweihte Handlung.

Über die ursprüngliche Einheit von Mystik und Therapie

Therapeia im Griechischen heißt ursprünglich „Heilkunde" oder einschränkender „Dienst" oder „Pflege". Das deutsche Wort „tarnen" im Sinne des Zudeckens weist eine eigentliche sprachliche Urverwandtschaft hierzu auf. Die Therapeia der Griechen entstammte ursprünglich einer ihr zugrundeliegenden ‚Theorie', einer „geistigen Schau" oder „Gottesschau". Und wer in der Seele des Heilsuchenden geschaut wurde, war Asklepios oder Throphonios, der vergöttlichte Arzt[3]. Die „Pflege", die der Heilsbereite vornahm, lag ganz in der heiligen Schau eines vergöttlichten Anblickes (als Bild des Asklepios oder Throphonios) der eigenen Seele. Der Körper des Heilsuchenden folgte der seelischen Heilserfahrung durch Genesung, die Seele bewies durch den Vorfall der Heilung physisch ihre metaphysische Macht. Die Heiligung wiederum schloß die innere wie die äußere Heilung in sich ein. Das innere, seelische Urbild des Geheilten, was dessen körperliche Organe und seelische Verhältnisse betraf, war erneuert und in den Zustand seiner uranfänglichen Vollkommenheit gebracht. Eine mystische Einheitserfahrung[4] trat in den unmittelbaren physio- und psychotherapeutischen Dienst. Die Wunden des Heilsuchenden hatten sich – von innen her – im Spiegel ihrer einstmaligen Unversehrtheit mit dem Anblick eben dieser heiligen Unversehrtheit bedeckt. Die Seele und der Körper des Geheiligten und somit Geheilten gaben nach außen hin Kunde der Heilung. Die Therapie, das heißt die göttliche Schau, hatte sich in ihren offensichtlichen Wirkungen vollendet. Seelische wie körperliche Heilkenntnis und mystische Erfahrung der Heilung erwiesen sich als eins. Der Heilende und der Heilsuchende hatten sich im

Geheilten vereinigt, der „Unvollkommene" (Patient, Kranke) hatte sich in seiner eigenen, sein eigenes krankes, unvollkommenes Ich übersteigenden Vollkommenheit erkannt.

Tatsächlich bedurfte es zur mystischen Vereinigung mit Asklepios (oder Throphonios oder Serapis)[5] einer vollkommenen Ichaufgabe des Inkubanten, bevor Asklepios oder Throphonios diesen in seinem Herzen zum Zwecke seiner Rückverwandlung in den Zustand seiner uranfänglichen „wahrheitlichen Gesundheit" ergriff. Der Heilsuchende hatte in seiner kranken und begrenzenden ‚Derzeitigkeit' zu sterben, um einer gesunden und grenzüberschreitenden ‚Jenseitigkeit', seinem wahrheitlichen Zustande, wiedergeboren zu werden. Die Verwandlung selbst erfolgte als Gewahrsein des Wahrseins des eigenen Herzens, als „wahre Vision", als der „wahre Traum" einer anderen „wahren Wirklichkeit", aus der die eigene verkümmerte Gesundheit und Wirklichkeit eigentlich entstammten und in die sie durch mystischen Anblick zurückzukehren vermochten. Asklepios lag insofern in jedem verborgen.

Nun kam selbst Aristoteles – der die Vernunft als göttliches Maß über die schöpferische Eingebung stellte – nicht umhin, dem Herzen Vision zuzuschreiben. Wenn wir dieses bedenken, erweist sich das Eingeschlucktwerden des Heilsuchenden in die Höhle des Trophonios zum Beispiel als ein vollständiges Aufgenommenwerden oder ‚Verschlucktwerden' des Heilsuchenden in das eigene Herz. Der „Gott" der Heilung ist der Türhüter des eigenen, sich öffnenden Herzens, und der von den Inkubanten so häufig geschaute Asklepiosstab[6] und die ihn umwindende Schlange ist der Baum des Herzens und seine wachsende Kraft. Ob nun jedoch Asklepios (oder Throphonios oder Serapis) in der geistigen Schau des Heilsuchenden als der geläuterte Weise oder als die sich um den Baum der Herzens windende Schlange erschien, in jedem Falle vertraten sie einen Anblick der Vollkommenheit des geöffneten Herzens. Die Seele des Heilsuchenden sah sich einem oft erschreckenden Blick aus dem ihr innewohnenen überpersönlichen Spiegelbilde gegenüber, welches sich als ein „Bild der Rückkehr", „als ein Bild der Uranfänglichkeit" erwies, als Annäherung an eine vollkommene Wirklichkeit, welche im Laufe des Lebens und der lebensbegleitenden Erkrankungen des Heilsuchenden im Zustand der Unvollkommenheit, Verderbtheit und Krankheiten ihrer ursprünglichen Kraft wiedererkannt und somit wiedergewonnen werden konnte.[7/8]

Die schauende Erinnerung nun gilt gleichermaßen als eines der Wesensmerkmale des mystischen Pfades, wie auch die Mystik als ein verinnerlichendes Verfahren der Annäherung an die Wirklichkeit gilt. Es ist demgemäß ein Verfahren, wie man sich der *haqiqah*, das heißt der göttlichen Weisheit, dem göttlichen Ursprungspunkt nähert, zu welchem hin die Verfahren des geistigen Weges insgesamt streben. Der Weg dieses Strebens zum innersten göttlichen Punkt[9] ist begleitet von der Erweckung schlummernder geistiger Fähigkeiten. Das Selbst des geistig Reisenden wird seiner Bedecktheit enthoben. Die Schleier um das Selbst, die man in der Begriffswelt[10] der Sufis als die sieben ‚Ichs' (*nafs*) bezeichnet, werden im Laufe des Weges befreit. Der mystische Reisende tritt den tieferen Wirklichkeiten seiner Selbst entgegen. Der Sufi sagt: „*Leila* (der Blick auf die göttliche Liebe) wird entschleiert!"

Vom Wesen der Metapsychologie

Wir kehren noch einmal zum Bild der mystischen Vereingung des Heilsuchenden mit Asklepios, dem Bilde des heilen Menschen, zurück, um zu zeigen, daß die erinnernde Vervollkommnung, und das heißt Heilung des geistig, seelisch oder körperlich Erkrankten, nur deswegen erfolgte, weil in der mystischen Vereinigung die Übergabe allen persönlichen Unheils angesichts eines überpersönlichen Heilsbildes möglich war. Das mystische Sinnbild der Heilkraft erinnerte den Kranken an das ihm gleichermaßen und selbst innewohnende, heilerweckende Bild. Ein innerer Gast „besuchte" und verwandelte den Kranken: Erschaue mich, bereue, stehe auf, und wandle.[11]

Diese Teilhabe am Überpersönlichen, sei es die Teilnahme am Mythos, wie in den Niederkulturen, oder diejenige an einer Offenbarung, wie in den Hochreligionen, kennzeichnet gleichermaßen die Anfänge europäischer Psychotherapie wie jeglicher Metapsychologie.

Wenn wir hier, im Sinne Plotins, vom Verständnis der Einheit[12] und der Allseele als Einheitsorgan aller Einzelseelen ausgehen, so ist tatsächlich nicht nur eine Psychologie (oder Seelenkunde) der Einzelseelen, sondern darüberhinaus eine Psychologie oder Seelenkunde der Einheitsseele oder Allseele vonnöten. Diese allweltliche Seelenkunde möchten wir hier ‚Metapsychologie' nennen. Sie befaßt sich als Einheitswissenschaft oder göttliche Offenbarungswissenschaft mit der Allseele nicht nur des Menschen, sondern insgesamt mit der Allseele der Schöpfung, und zwar der geoffenbarten wie der noch nicht oder noch nicht als stoffliche Welt offenbarten Schöpfung insgesamt. Das heißt, die Aufgaben jeglicher Metapsychologie liegen in der Bewußtmachung diessei-

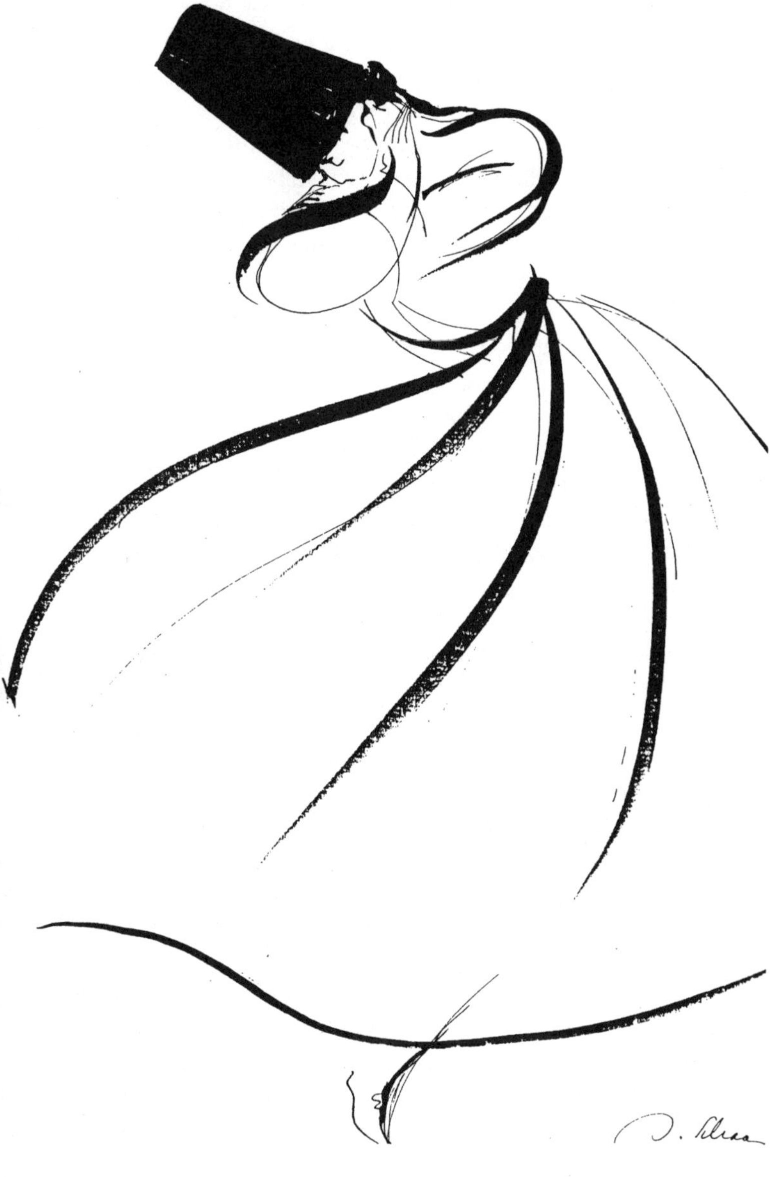

tiger wie jenseitiger Bedingungen der menschlichen Seele, in der Seelenkunde nichtmenschlicher Geschöpfe und andersweltlicher, seelischer Umstände. Der Begriff der ‚anderen Welten' soll hier so verstanden werden, daß er gleichermaßen höhere wie tiefere Anblicke (Aspekte) der gleichen Welt, das heißt der Allwelt oder Einheitswelt, beinhaltet[13]. Metapsychologie ist demnach das Verständnis wachsender Grade des Getrenntseins vom göttlichen Ursprung, was in der Sprache der Sufis bedeutet, daß es zwischen Gott, der alles Sein transzendiert und dessen erste Bestimmung das reine Sein ist, und dieser Welt, welche am weitesten davon entfernt ist, eine Anzahl anderer Welten gibt, die innerhalb der Waagschalen allweltlichen Daseins eine jede auf der anderen hierarchisch übereinander angeordnet sind. In diesem Sinne könnten wir Metapsychologie auch als die Rückverfolgung der Schöpfungsstufen verstehen. Als Rückspiegelung verstreuter Seinszustände in den beschauten Spiegeln früherer, und das heißt, an der Einheit gemessen, höherer Entwicklungsstufen der Schöpfung. Wir könnten sie gleichermaßen auch als Verhältnis von Allseele und Einzelseele bestimmen, als Verhältnis der uranfänglichen Einheit zur geschaffenen Vielfalt, als Verhältnis von Ursprung und Verwirklichung.

Jede offenbarungsgerechte Metapsychologie kann in der Tat nur von ihrem Ursprung her eingesehen und verstanden werden, was zu bedeuten hat, daß eine vollkommene oder der Vollkommenheit angenäherte metapsychologische Gesamtschau nur aus einem Zustande göttlicher Einheit her möglich ist, ein Verstehenwollen aus einem Zustande des Getrenntseins heraus dagegen unmöglich.

Die Kenntnis einer jeden Metapsychologie wächst mit der Hingabe der Einzelseele an ihre uranfängliche Einheit in der göttliche Allseele, mit dem allmählichen Aufgehen in der göttlichen Allseele, und mit der allmählichen Aufgabe der verschiedenen Ich-Begrenzungen des Reisenden-auf-dem-mystischen-Weg, in der Begriffswelt der Sufi: durch die Erinnerung des vergeßlichen Geschöpfes an die Stufen seiner Schöpfung.

Alle Dinge und inneren Gegebenheiten nun, deren Beobachtung uns vergessen läßt, daß ihre Herkunft göttlich ist, werden als zur Welt der Scheinhaftigkeit (*dunya*) gehörig erklärt.[14]

Die metapsychologischen Ausmaße der sufischen Lehre

Wenn wir hier – im Sinne der Sufi – beginnen, über das Wesen und die Stufen der Erinnerung zu sprechen, so beginnen wir gleichzeitig, über die Stufen des mystischen Pfades zu sprechen; denn der mystische oder geistige Pfad entspricht der Verdichtung göttlicher (uranfänglicher) Erinnerungen. Der erste Schritt des geistigen Pfades liegt tatsächlich in der Rückkehr zur eigenen uranfänglichen Natur, welche die Sufi *fitrat* nennen. Das heißt, der Reisende auf dem mystischen Pfad strebt zuallererst dahin, zu einer reinen begierdelosen Form zu werden[15]. Henry Corbin, der große Kenner *Ibnal-'Arabis*, des Scheichs der Scheiche („*scheik el-akbar*") der Sufi, spricht von einer „Rückkehr zur reinen Möglichkeitsform", bevor der Mensch irgendeine Maske angenommen habe; und Frithjof Schuon[16] sieht den erstmaligen Sinn der rituellen Erinnerung der Sufi (*sikr*)[17] in der Rückkehr zum „normativen Archetypus" oder dem „reinen Adamischen Urstoff" als eines Spiegelbildes Gottes.

Das bedeutet, zum einen Adam als Sinnbild des maskenlosen, und das heißt Ich-losen Gottesdieners zu erkennen, zum anderen den Erdenkörper Adams[18] als den in der mystischen Vereinigung mit der Natur (unio mystica) hingegebenen Anbetungskörper des mystischen Menschen. Unter diesem Gesichtspunkt können wir die Ich-Fantasien des Menschen als Masken seines göttlichen Intellektes betrachten wie gleichermaßen den Begierdekörper des Menschen als Masken vor seinem ursprünglichen Anbetungsleib; und die Leidenschaften des Menschen erscheinen als die Masken vor seinem göttlichen Herzen; und die äußere Welt endlich stellt sich dar als die Masken vor seiner uranfänglichen allhaften Seele.

Wo die verschiedenen Verfahren der Psychotherapie zu den Tiefen der Persönlichkeit hin zu vermitteln versuchen, erkennen die Offenbarungswissenschaften des Sufitums gerade die Persönlichkeit als das eigentliche Hindernis der Befreiung des Menschen; eine wie immer geartete Erforschung ihres Ausmaßes als eines Gegenbildes (Negativs) einer befreiten Seele wie eines befreiten Herzens erscheint geradezu als einer Entwicklung (Befreiung) des Menschen entgegengesetzt.

Im Sinne Schuons[19] gilt das Ich (Ego) als eine Kristallisation der „Gottesvergessenheit" und das menschliche Gehirn sozusagen als das Organ dieser Vergeßlichkeit. „Es gleicht einem Schwamm, welcher mit Bildern dieser Welt gefüllt ist." Auch die Persönlichkeit eines Menschen gilt hier als ein in Veräußerlichungen und Handlungen umgesetztes Bild dieser Welt der Vergeßlichkeit (dunya). Und der sogenannte „Persönlichkeitsmensch" wird als ein Sein-Selbst-Vergessener aufgefaßt, der in einer Welt selbst geschaffener Vorstellungen umherirrt.

An dieser Stelle müssen wir zweierlei bedenken: die Welt oder auch die Welten der Vorstellung wie auch die

Verfahren, welche uns aus den Welten der Vorstellung zu erlösen vermögen, um uns in unseren adamischen Zustand, in unsere uranfängliche oder paradiesische Verfassung zurückzugeleiten, welche – wie oben gesagt – als „reine Möglichkeitsform" oder „normativer Archetyp" beschrieben wird.

Dieses adamische Urbild der unbefleckten Form gilt als erste Station der sufischen Reise. Die uranfängliche Natur Adams besteht dabei, im einzelnen besehen, aus den Befähigungen der Nahrungsaufnahme, des Wachstums, der Bewegungen und der Fähigkeit, fremde Stoffe in die eigene Form (Gestalt) bzw. individuelle Begrenzung aufzunehmen[20], was an anderer Stelle im allgemeinen als unio mystica, als mystische Vereinigung mit der dem Menschen innewohnenden eigenen paradiesischen Natur beschrieben wird. Schuon[21] bezeichnet den Menschen in einer solchen Verfassung im Sinne des Aristoteles als einen „bewegungslosen Beweger". Wir können ihn auch als einen von der gewöhnlichen gedanklichen Ich-Fantasie, den eingebildeten Widerspiegelungen des Ich-Körpers und des Ich-Herzens (der Gefühle) befreiten Menschen betrachten. Als einen „Daseienden", der sich übergangsmäßig zwischen den Verfassungen einer scheinhaften Ichvereinigung (Persönlichkeit) und einer tatsächlichen Naturvereinigung befindet. Der Reisende auf dieser Stufe erfährt sich nicht länger mehr als „ich".

Die Seele auf dieser Stufe könnte als ‚naturhafte' Seele bezeichnet werden, während sie auf den Stufen der Ichhaftigkeit als die ‚ichhafte Seele', auf der Stufe der Allweltlichkeit als ‚allweltliche' Seele und auf der Stufe der Gotteseinheit als die ‚göttliche Seele' bezeichnet werden könnte. Wobei die erste als durch die Form bedingt erkannt werden kann (die ichhafte Seele), oder wie Burckhardt (S. 84) es sagt, als abgrenzend, „einzeltümlich", und die letzteren Stufen als „überförmlich", „alltümlich" und „göttlich".

Die Schwelle der reinen Natur oder reinen Form (fitrat) bildet im strengen Sinne der sufischen Lehre den tatsächlichen Anfang der geistigen Reise. Die Welten der Mannigfaltigkeit äußerer Geschöpflichkeit haben sich zurückverwandelt ins adamische Urgeschöpf. Der ‚Reisende' hat sich erneut in seine uranfängliche, reine paradiesische Natur begeben. Nun wandelt sich die Art seiner Erinnerung und Erfahrung und ist nicht mehr seelischer und geistiger Natur. Was nun vergegenwärtigt wird, ist wesentlich, wie es Burckhardt (S. 73) sagt, nicht mehr irgendein bisher unbewußter Inhalt der Seele, sondern eine übersinnliche „Wahrheit" oder „Wirklichkeit" (haqiqah), wenn auch die geistige Ansammlung, das heißt Erinnerung, das Erwachen ursprünglicher Seelenkräfte im Gefolge haben kann.

Hier nun unterscheiden sich die Verfahren der Psychotherapie von den metapsychologischen Verfahren der Sufis. Wo es die psychologischen Verfahren darauf absehen, die „Inhalte der dunkelsten Sphären des menschlichen Bewußtseins an den Tag zu fördern, um diese zu analysieren", werden sie, „wo solche Unterströmungen in den Lichtkreis der geistigen Ansammlung treten, im Gegensatz zu jeder moderneren Analyse (der Seele) keineswegs für das Wesen der Seele gehalten, sondern geistig ausgeschieden"[22]. Ganz simpel gesagt: Sie werden mißachtet. Die Kraft bleibt frei für Positives. Die Konzentration wird ausschließlich auf Vorbildliches, Perfektes gerichtet. Unter dieser Voraussetzung müssen wir die Schwelle der „reinen Natur" als die Trennungslinie von Psychologie und Metapsychologie betrachten, als den Ort der Ausscheidung individueller wie kollektiver Ergebnisse des paradiesischen Falles des Menschen, das heißt der

Ergebnisse seiner Gottvergessenheit, der Vergessenheit der geistigen und allseelischen Erinnerungen seiner jenseitigen, und das heißt gottesnahen Natur. Insofern gilt die Rückgewinnung der adamischen Verfassung als das Tor zwischen der diesseitigen, sterbenden und der jenseitigen, kommenden Welt, als das Tor zwischen dunya, der Welt stofflicher Scheinhaftigkeit, und den Welten der feinstofflichen Himmel, man kann auch sagen: als die Überwindung des Gegensatzes zwischen dem gefallenen, aus dem Paradies vertriebenen weltlichen Menschen und dem Anbetungskörper Adams, der im übrigen von den Sufi als der erste Sufi bezeichnet wird, welcher in der pardiesischen Niederwerfung vor Gott liegt. Der Anbetungskörper Adams ist der erste der sieben Himmel, zu dem nun die geistige Reise den *mutasawwif* (den Sufi-auf-dem-Wege) im Sinne der nächtlichen Himmelfahrt des Propheten Mohammed[23], so Gott es nur will, geleitet. Die sechs Himmel oder Stufen (in der Begriffswelt der Sufis ‚maqam' bzw. ‚maqamat'), die dem Himmel Adams (der Welt der Natur) folgen, sind in aufsteigender Reihenfolge: die Welt der Formen (*'alam-i-surat*) als Himmel Noahs; die Welt geistiger Wahrnehmung (*'alam-i-ma'na*) als der Himmel Abrahams; die Welt der Vorstellungskraft (*'alam-i-malakut*) als Himmel Moses'; die Welt jenseits der Form (*'alam-i-dschabarut*) als Himmel Davids; die göttliche Natur (*'alam-i-lahut*) als der Himmel Jesu oder der verborgene Jesus im Menschen; und das Göttliche Wesen als (*'alam-i-hahut*) der Himmel Mohammeds, was dem verborgenen Mohammed-Aspekt jedes Menschen entspricht.[24]

Die religiösen Grundlagen des Sufitums

Der Einführung zu seinem Buch „Das Sufitum, geistige Lehre und mystischer Weg" stellt William Stoddart, ein englischer Sufi und Gelehrter, die Überschrift: „Kein Sufitum ohne Islam" (S. 16) voran. Stoddart warnt hier ausführlich davor, die Esoterik des Islam (das Sufitum) vom äußerlichen islamischen Gesetz, der *schari'ah*, zu trennen[25], denn das hieße, die verschiedenen geistigen Verfahren des Sufitums ihrer Herkunft und ihres offenbaren Sinnes zu berauben. Die geistigen Verfahren des Sufitums entstammen ausnahmslos der koranischen Offenbarung. Äußerliche Straße (schari'ah) und innerer Pfad *(tariqa*, gleich Sufitum) gehören zusammen. Die geistigen Verfahren zielen darauf, dem Übenden dieser mystischen Verfahren die haqiqah, und das heißt die innerste Wahrheit der koranischen Offenbarung zu eröffnen oder, wenn wir so wollen, ihn das prophetische Licht Mohammeds sehen zu lehren.[26] Die Hauptbotschaft (Stoddart, S. 32) der islamischen Glaubenslehre ist die Glaubensaussage (*schahadah*): „Es gibt keinen Gott außer Gott. Mohammed ist ein Gesandter Gottes" (*la ilaha illa Llah, Muhammad ar-rasulu 'Llah*). Dieser zweifältigen Glaubensaussage entspricht der gesamte Islam, einschließlich seiner verborgenen (esoterischen) sufischen Lehre. Die weltlichen, überweltlichen und göttlichen Stufen, auf denen man zum Verständnis der Verwirklichung dieses Offenbarungswortes gelangt, entsprechen nachgerade den sieben geistigen Stufen, Paradiesen oder Himmeln des geistigen Pfades.[27]

Das islamische Gesetz (schari'ah) selbst beruht auf fünf Pfeilern (*arkan*). Diese sind: Glaube, Gebet, Fasten, Almosengeben und Pilgerfahrt. „Glaube (*iman*) ist die Zustimmung zur schahadah."[28] Gebet (*salat*) ist das den

Vorschriften entsprechende, im Koran verankerte fünfmalige Gebet im Morgengrauen, nach dem höchsten Sonnenstand mittags, am Nachmittag, nach Sonnenuntergang und in der Nacht. Fasten (*saum*) ist die pflichtgemäße Enthaltung von Essen, Trinken, Begierden und schlechten Taten vor allem während des Monats Ramadan. Almosengeben (*sakat*) ist die „Entrichtung eines Teiles seines Vermögens für wohltätige Zwecke" (Stoddart, S. 32), und die Pilgerfahrt (*hadsch*) ist das Pilgern zur Kaaba in Mekka, mindestens einmal im Leben.

Was den Glauben (iman) betrifft, so handelt es sich um einen fünffältigen Glauben: den Glauben an die Einheit Gottes – welche vor allem in der 113. Sure des Korans (*al-ichlas*) offenbart worden ist, der Glaube an die Engel (und das heißt gleichzeitig an alle anderen überweltlichen Wesen), der Glaube an die Gesandten und Propheten (bekannt oder unbekannt), der Glaube an die Heiligen Schriften und der Glaube an den Jüngsten Tag.

Der Glaube (iman) wird im Islam wesensmäßig von der Glaubensunterwerfung, dem eigentlichen Islam, unterschieden. Während der Glaube (iman) im wesentlichen der Glaube an die Göttliche Einheit ist[30], das heißt die Annahme dieser Einheit durch den menschlichen Intellekt (Schuon, S. 118, 119), bedeutet *islam* darüberhinaus, die tatsächliche glaubensmäßige Unterwerfung des menschlichen Willens unter den Willen Gottes, das heißt die tätige Bereitschaft des Gläubigen, die Mannigfaltigkeiten des eigenen Daseins in einen allmächtigen *einheitlichen* Willen einzufügen. Islam bedeutet demgemäß den Vorgang der Willenshingabe selbst, die geduldige Übergabe des Selbst an seine göttlichen Bestimmungen und Aufgaben und vor allem an seine innersten Erkenntnisse.

In diesem Sinne wird ein Muslim[31] als ein Gläubiger beschrieben, der so lange „verplichtet ist, sein Verständnis des Daseins zu entwickeln, bis seine innere Wirklichkeit eine größere Bedeutung, Spannkraft und Zeichnung annimmt als seine äußere Wirklichkeit". Diese Entwicklung besteht im wesentlichen in der hingebenden Öffnung gegenüber dem inneren, göttlichen Gesetz, das heißt die Unterwerfung unter eine überpersönliche, Göttliche Erinnerung sowie einen überpersönlichen Göttlichen Willen, als daß man sich selbst erworbenem und damit ungewissem Wissen überließe. Insofern liegt auch keinerlei Widerspruch darin, den Islam einerseits als den „Weg der Hingabe", andererseits als den „Weg des Wissens" zu bezeichnen. Denn Hingabe an das Göttliche bedeutet, vom Göttlichen zu wissen.

Dieses göttliche Wissen wiederum ist die gnadenbedingte Voraussetzung der dritten Stufe islamischer Glaubensausübung: *ichsan*. Ichsan (Aufrichtigkeit, Tugend) gilt als die innere Erleuchtung (Stoddart, S. 65) durch Glaube (iman) und Ergebung (islam). Durch die Tugend der Tugend, das heißt durch die innere wie äußere Verwirklichung der in der Gottergebenheit (islam) vorgefundenen Glaubenswirklichkeit, verwandelt sich der Glaube (iman) in Gnosis, und die Teilhabe an der Göttlichen Intelligenz, die Willensunterwerfung, das heißt der Islam selbst, wird zur „Auslöschung im Göttlichen Sein" (Schuon, S. 118, 119). Bildhaft gesprochen[32]: ichsan (Tugend) bedeutet, Gott zu verehren, als sähe ihn der Gläubige. Denn so er (der Gläubige) ihn (Gott) auch nicht sieht, so sieht er doch ihn.

Der geistige Pfad

*D*ie letztere, von den Sufis häufig angeführte heilige Überlieferung (*hadith*), die wie alle Sprüche Mohammeds in einer der Hauptsammlungen dieser Sprüche (wie denen von Buchari, Tirmisi Abu Daud und Muslim) niedergelegt ist, ist ein Schlüssel zum Verständnis ihres geistigen Pfades. Denn ‚so du ihn nicht siehst, so sieht er doch dich' beinhaltet nicht nur den Hinweis auf das Verhältnis des Sichtbaren (*sahir*) zum Verborgenen (*batin*), durch welches sich der jeweilige Grad auf dem mystischen Pfade anzeigt, sondern schließt in sich auch die Erleuchtungen (Stufen) des mystischen Pfades ein, die Annäherungen an die Gegenwart Gottes. Was für unsere Untersuchung der metapsychologischen Lehre der Sufi von noch größerer Bedeutung ist: der zweite Teil der hier angeführten heiligen Überlieferung ‚so sieht er doch dich' kennzeichnet mit einer nicht übertreffbaren Deutlichkeit die ganze Sichtweise sufischer, und das heißt offenbarungsgemäßer Metapsychologie: Die Betrachtung des gläubigen Menschen, des Reisenden (*salik*)[33] auf dem mystischen Pfade, im Spiegel der Vollkommenheit Gottes. Die Lehre spiegelt die „Sichtweise Gottes".

Diese metapsychologische Ausspiegelung aufsteigender Unvollkommenheiten des Sufi-auf-dem-Pfade-zu-Gott in den göttlichen Spiegeln, und das heißt in den heiligen Sinnbildern, Archetypen und heiligen Namen, ist in sich selbst der ‚geistige Pfad'. Der Reisende ist der Wahrnehmungssinn (Palmer), das durch subtile Bewußtseinsorgane verfeinerte Bewußtsein des Menschen.

Die Glaubens- und Erfahrungslehre bildet dabei in gewissem Sinne den Anfang wie das Ende des geistigen Pfades[34]. Ist sie zu Beginn ein eher theoretisches Wissen, so ist sie am Ende eines, welches verwirklicht und tatsächlich gelebt worden ist. Die Lehre als Grundlage des geistigen Pfades ist im wesentlichen[35] die Unterscheidung zwischen dem Wirklichen und Offensichtlichen, zwischen dem Unbedingten (Absoluten) und dem Verhältnismäßigen (Relativen), zwischen dem Wesensstoff und seinen zufälligen Äußerungsformen. Der Pfad nun, von den Sufis ‚tariqah' (Weg, mystisches Verfahren, mystische Schule oder Orden) genannt, ist die Summe der geistigen Unterweisungen und Verfahren und der aus diesen stammenden Erfahrungen, die dem in die anderen Welten Reisenden helfen, die Natur der Wirklichkeit und Metaphysik[36] dieser Welten zu ergreifen.

Die Sufis (Trimingham, S. 139, 149) unterscheiden hierbei den Weg der Reinigung (via purgativa/*mudschahada*) vom Weg der Erleuchtung (via illuminativa/*muschahada*). Während der Weg der Reinigung (mudschahada) den größeren Heiligen Krieg (*dschihad*) gegen das eigene Ich betont, das heißt die In-Tugend-Setzung des religiösen Gesetzes (schari'ah), betont der Weg der Erleuchtung die Besinnung auf Gott und seine rituelle Anrufung, den sikr. Beiden Auffassungen und Verfahrensweisen des geistigen Weges der Sufis entsprechen Gnadenzustände (*achwal*) und geistige Stufen (maqamat). Beide Zustandsarten haben die Aufhebung eines oder mehrerer göttlicher Schleier gemein. Während jedoch der Gnadenzustand (*hal*) nur vorübergehender Natur ist und in seiner Erscheinung gänzlich angewiesen bleibt auf die himmlische Gnade, beruht das Erreichen eines *maqam*, einer geistigen Stufe, auf dem im allgemeinen unverlierbaren „Erwerb" gewisser geistiger Befähigungen des Reisenden auf dem mystischen Weg. Die sufische Literatur über die erfahrenen Gnadenzustände und Stufen ist unterschiedlichster Art. So werden sieben, vierzig aber auch einhundert Stufen unterschieden[37], welche in der sufischen Literatur häufig allegorisch, so zum Beispiel als die ‚sieben Täler'[38] oder sogar die ‚sieben Prinzessinnen'[39] ausgeschmückt werden. Solche Stufen sind beispielsweise Umkehr, Enthaltung, Selbstverleugnung, Armut, Geduld, Gottvertrauen und Erfüllung, an anderer Stelle[40] werden sie als Täler der Suche, der Liebe, des Verstehens, der Loslösung, der Einheit, der Verwirrung und des Todes bezeichnet.

Unter einem anderen Gesichtswinkel, nämlich dem der göttlichen Vereinigung, unterscheiden die Sufis ihren Verwirklichungsgrad in ‚die Reise zu Gott', ‚die Reise in Gott' und ‚die Reise durch Gott'. Die ‚Reise zu Gott', so heißt es[41], beginnt mit dem Erwachen aus dem gewöhnlichen Schlafe (siehe dort), mit dem ersten Anheben der Schleier der Erscheinungswelt, mit dem Gerufensein aus den jenseitigen, den Verstand des Menschen übersteigenden Welten. Auch diese erste Reise ist bereits eine Reise ‚durch Gott'. „Denn", so sagen die Sufis, „wie hätte ich Gott zu suchen vermocht, hätte er mich nicht zuerst gesucht". Die ‚Reise in Gott' dagegen beginnt nicht vor der Auslöschung des menschlichen Ichs im *fana'*, wie die Sufis ihre in Anwesenheit Gottes stattfindende Selbstvernichtung benennen. *Baqa'*, das „ewige Dasein im Göttlichen Sein", folgt dem fana': die Ewigkeit nach der Auslöschung des Ich.

Über die Befreiung der Vernunft durch göttliche Paradoxie

Ein Gnostiker des 20. Jahrhunderts und Sufi, Frithjof Schuon, nennt die metaphysische Wissenschaft der Sufis in einem positiven Sinne *Scientia Sacra*, die heilige Wissenschaft, die den Glauben des einfachen Menschen transzendiere[42]. Der Glaube im Islam (iman) umfaßt den Glauben an die Einheit Gottes, den Glauben an die heiligen Schriften, den Glauben an die Gottesgesandten, den Glauben an die Engel, wie auch den Glauben an den Jüngsten Tag. Vom unvollkommenen

Verstand jedes einzelnen Menschen wird dieser Glaube ganz natürlich begrenzt. Die Begrenztheit des Verstandes wirft die Sehnsucht des gläubigen Herzens immer auf sich selbst zurück. Zwischen Herz und Verstand entsteht ein Konflikt. Der in der nur scheinhaften Kausalität gründende, vom Ich gefesselte Verstand führt einen unheiligen Krieg gegen das gläubige oder doch glaubensuchende Herz. Wer bleibt und ist der Souverän? Von beiden ist es der Verstand, der sich um eine mehr unheilige denn heilige Entfernung vom Herzen, um den eifernden Abstand eines zornigen Flüchtlings, um Trennung zwischen den beiden bemüht.

Es ist tatsächlich dieses In-den-höllischen-Flammen-der-Erklärungssucht-Stehen des Verstandes, welches die Welt der Mannigfaltigkeiten und Scheinhaftigkeiten erschafft, die den Menschen von seinen Ursprüngen trennen. Der Mensch denkt mehr als er liebt. Um diesen Zustand zu verändern, um das Herz von der Überheblichkeit und Selbstsucht des Verstandes zu befreien, muß einerseits das Herz gestärkt und andrerseits der Verstand vom zerrenden Ich losgelöst und seine engen Grenzen zu den Weiten der Sicht der Mystiker hin nach und nach transzendiert werden. Ein psychologisches Verfahren genügt dieser Notwendigkeit nicht, da es nur innerhalb des Ichs für eine neue Ordnung sorgt. Das Sufitum stellt hier die Frage, was jenseits jedes Ichs und jenseits der Verstandesenge wie auch der momentanen Psyche liegt. Das Stichwort hierfür ist der Begriff der Metapsychologie. Das Verfahren hierfür liegt im islamischen Bekenntnis.

Das islamische Bekenntnis (schahada), „la ilaha illa 'Llah", „Keine Gottheit, außer Gott", das die islamische Lehre der ‚transzendenten Einheit des Seins' (*wachdat al-wudschud*)[43] bestimmt, ist weit mehr als nur ein Satz. Es zwingt den Verstand zur Entgrenzung. Das Bekenntnis versucht den Verstand, es rührt den Widerstand in ihm bewußt und zielsicher an. Denn der Verstand, der das Bekenntnis sagt, will sich zuerst als Souverän dieses Sagens behaupten. *Er* sagt, was er zu sagen hat, und sagt sein Bekenntis zuerst einmal von seinem magischen Standpunkt. Er weiß zu Anfang nicht, wie sehr „gefährlich" dieser Glaubenssatz ist, doch sein immanenter Widerstand ist in Wahrheit von vornherein verborgene Bekenntnisleugnung. Daß nichts und niemandem die Souveränität als nur dem Einen Gott gebührt, wirkt wie ein Feuer in der Ichbehauptung des Verstandes. Denn der „Gott" des Verstandes, das persönliche Ich, soll durch seinen eigenen Statthalter, nämlich den dominanten Verstand, seine „Hoheit" zugunsten einer höheren Hoheit verleugnen. Dem alten „König" wird abgefordert, die exklusive Macht eines verdrängt-vergessenen, ewigen Souveräns vor anderen wie auch sich selbst auszurufen.

Tatsächlich beginnt die schahada, um, wie die Sufis[44] sagen: die Wirklichkeit oder Wahrheit Gottes (*al-Haqq*) von allem anderen, dem sogenannten Beigesellten (*schirk*) zu trennen, mit einer unbedingten Verneinung, dem ‚la'[45]. *La* hat die Bedeutung „kein", „nicht", „nichts" oder „nein". Alles Dasein wird verneint; die Gedanken, Gefühle werden verneint. Alle Grenzen des Verstandes, wie die jedes Ichs sollen beiseite gedrängt werden. Im ‚la' liegt der Auftrag verborgen, unbedenklich Platz zu schaffen für das Eine, Absolute, denn nur die Selbstverneinung, die ganz und gar total ist, kann zur totalen Selbstgewinnung führen, denn jeder Mensch stört sich am meisten selbst, und diese „Störung" muß restlos beseitigt werden – nur so wird der Mensch in die Freiheit entlassen.

Schon das ‚la' im Bekenntnis des Islam erweist sich hier als ein von Gott gewolltes Paradox, und jeder Muslim bekennt, was dem bekennenden Verstand höchst uneinsichtig, sperrig und widersetzlich ist. So ist auch das Muslim-Bekenntnis ein Zeugenakt, der aus der Sicht des Ichs freiwillig-unfreiwillig ist. Freiwillig nur deshalb, weil man es freiwillig spricht. Doch aus dem Grunde unfreiwillig, weil seine tiefere Wahrheit psychisch ungewollt ist; denn das Bekenntnis ist für den Muslim Pflicht.

Wozu nun sagt der Muslim „nein"? Die Antwort ist: zu allem, was die Alleinheit Gottes bedeckt. Es gibt nur Gott, sonst nichts, das ist das *ganze* Bekenntnis. Schleier ist alles, was dieses Nur-Gott-Sein verhüllt, und falsche Verehrung ist das, was zur Bedeckung dieses alleinigen Anspruches führt. Das, was bedeckt, das, was verhüllt, die Schöpfung Gottes, die eine Sicht auf ihn verstellt, wird vom Islam als ‚(falsche) Götter' und ‚Götzen' (*ilaha*) bezeichnet. Dazu gehört zum Beispiel das Ich. Ein jedes Ich tritt neben Gott, das ist der Grund, warum die Menschen leiden.

‚Ilaha', „Gottheit" oder „Götter" folgt auf das ‚la'. Nichts soll von irgendwelchen ‚Göttern' bleiben, auch nicht *ein* ‚Götze' hat irgendein Recht. Nichts, was den Blick verstellt, darf bleiben, keine andere Gottheit (außer Gott) darf einen Sufi und Muslim verleiten. Jegliches Götzentum, was jede Menschenanbetung miteinschließt, gilt konsequent als heidnisch. Jede Mixtur zwischen dem, was nur relativ und etwas Geschaffenes ist, mit dem Absoluten oder Schöpfer muß jeder Muslim und Sufi vermeiden. Ilaha zielt auf den Zustand des Menschen, auf sein momentanes Begreifen, auf die Begrenzung der Vernunft und läßt die Starrheit des Verstehens einer unendlichen Überschreitung desselben durch immer neue Verständnisse weichen. Unverständnis sind nur „Schleier", Verständnis dagegen ist Reife, und alles reift immer unendlich weiter. Selbst das, was man von seinem Glauben glaubt, kann sich in einem anderen Moment durchaus als

Scheingebilde, ilaha, erweisen, so daß sich die anderen „Götter" als die Begrenzung momentaner Vernunft und als die Grenzen der menschlichen Wahrnehmungsdeutung erweisen. Es ist das Bekenntnis als ganzes, das alle Mannigfaltigkeit und Vielheit, in die der Mensch verloren ist, gedanklich vernichtet und aufhebt[46], doch im ilaha (der „Gottheit") allein, wird sinnbildlich die ganze Welt der Zerstreutheit verdichtet.

Illa nun, die dritte der heiligen Bekenntnis-Silben, wird häufig als ‚Schwelle' bezeichnet. Als die Schwelle, die das Diesseits vom Jenseits trennt, oder, wenn wir diesen Zusammenhang eher positiv betrachten, die das Diesseits mit dem Jenseits verbindet. Das persische ‚darvisch'(Derwisch), eine andere Bezeichnung für einen Sufi-Aspiranten, bedeutet wörtlich Schwelle – und ein Derwisch oder Sufi-Anhänger ist tatsächlich derjenige, der sich im Diesseits bereits ständig auf der Schwelle zum Jenseits befindet. Illa, in der Bedeutung von „es sei denn", „wenn nicht" oder „außer", ist der verborgene Begriff in der Seele des Menschen, der die Substanz seiner Hoffnung, sein Lebensmotiv und sein Kraftanschub ist. Für das Sich-Rückverwandeln des Sufi ist dieser Aspekt im Bekenntnis der Aufbruch aus der ungewissen Entität des Menschen, der Drehmoment seiner Erkenntnis. Der Mensch ist selber immer ‚Schwelle', die Gegenwart hält niemals an.

Schuon nennt ‚illa' die „Weltenachse" und „das enge Tor", von dem die Evangelien sprechen (S. 126). Doch erst wenn wir den Begriff der ‚Welten' auch richtig verstehen, nämlich einerseits als die gerade vergehenden und andererseits die sich entwickelnden, versprochenen Welten *des Menschen*, läßt sich der Sinn von illa als ‚der Göttliche Thron', der Himmel und Erde umfaßt, auch wirklich begreifen. Wo jeder Mensch im Augenblick „zuende" ist, da sind die ‚ilaha', die ‚Götter' für ihn, dort wird es ihm zunehmend eng. Begrenzung ist, was einen Menschen quält. Jegliches Weitergehen gelingt einem Menschen nur dann, wenn entweder die Mauer seiner Sichtweise und Seinsweise fällt oder wenn er ein „Loch" in seinen „Mauern" erspäht. Das Hindurchzwängen selbst ist das illa-Terrain: Geburtskanal für den neuen Beginn. Hier spürt er die Last seines Wegs und der Welt, und er wird zur „Achse", die trägt. Die Welt verdichtet sich um ihn, so daß die Flucht unmöglich wird. Hier „herrscht" er entweder – oder verdirbt. Mit illa besteigt er allmählich den „Thron": die *neue* Souveränität, die göttliche Freiheit und Sicherheit gibt, die Ewigkeit und auch Beständigkeit gewährt.

Illa ist so gesehen tatsächlich der Höhepunkt der göttlichen Paradoxie. Der auf seiner Spitze stehende Verneinungsberg, der die Lasten des tiefsten Verständnisses trägt: Der, der erkennt, trägt alle Last. Je enger die Welt, desto schwerer wiegt ihre Bedeutung. Sosehr das Wort ilaha Symbol der wechselhaften Seele ist, versinnbildlicht das illa „den Geist und die Engel"[47].

La *ilaha* (also „keine Gottheit") konfrontiert alle Schöpfung, da alles, was zur Schöpfung gehört, auch begrenzt. *Jeder* Geschaffenheit, auch der von sich selbst, wird entschieden *ablehnend* begegnet, was scheinbar einem Kampf gegen alle Schöpfung gleichkommt. Bis man mit einem Mal erkennt, daß ein solcher Kampf nur ein fruchtloses Eindringen in eine nur eingebildete und ausgedachte Welt ist, eine Durchstoßung der „nachadamischen Härte" (Schuon), die jeder Mensch *selbst* verantwortet hat. Illa erweist sich dabei als der mächtige Punkt der Umkehr bzw. Rückkehr, die aus den Tiefen menschlicher Gottesvergessenheit und aus der Dunkelheit der Ichverblendung zurück zum Licht der Gottesgegenwart führt. Das ‚Licht der Welt', die Verblendung, wurde ja im la negiert, der Schein der Welt erwies sich so als nur scheinbare Welt, das Distanzieren von der Welt ließ sie den Sufi-auf-dem-Weg als unwirklich begreifen. Was wahrgenommen wird und das, was ausgedacht und sich vorgestellt wird, erwiesen sich infolge des „nein" (‚la') als Fiktionen. Der Wahrnehmer und Vorsteller selbst kam durch ilaha ins Strudeln: er wurde gezwungen sich selber zu fragen, wie und wer bin ich heute? Und warum bin ich gestern so anders gewesen? Was definiert meine Ansichten, Grenzen? Was definiert meine eigenen Welten? Sein Ich entpuppte sich als wechselhafter ‚Götze', der gleichermaßen sprunghaft wie seine Ideen und Wahrnehmung ist. Wenn alles das „nicht wirklich" ist, wo ist die Wirklichkeit zu finden? – so fragt der Sufi-Aspirant und ist bemüht, sich an das illa (den Ausweg) zu binden. Irgend etwas muß es geben, das unvergänglich im Fluß der Vergänglichkeit ist, irgend etwas muß es doch geben, das beständig im Wechselspiel der Existenzerfahrung ist. Irgend etwas lebt verläßlich – an diese „Ausnahme"-Hoffnung klammert er sich.

Dieses „außer ..." ist *Allah*[48]. Allah ist das, was außerhalb der Raum-Zeit-Koordinaten, von Werden und Vergänglichkeit, und außerhalb jeder Veränderung liegt. Allah ist ewig derselbe. *Al-lah* heißt „der Gott" oder „der Starke". Auch Allah ist ein Gottes-*Name*, der allerdings nicht attributiv ist. Er gilt in der Lehre einiger Sufis[49] als Erhabener Name, als Gottes ‚Eigenname', für manche als einziger Name[50]. Allah ist der unerschaffene Inbegriff der Einheit des Seins. Er ist die Garantie dafür, daß alles in Wirklichkeit eins ist, und auch dafür, daß jenseits jeder Illusion alles Teil dieser Wirklichkeit ist. Allah ist eins mit dem Band, das in der Schöpfung dauernd wirkt – solange sie besteht, das aber nicht vergeht, wenn diese vergeht. Allah erwirkt die heilige Präsenz, die alle Schöpfung durchwebt; das, was in uns verläßlich ist, wird mit diesem besonderen Namen benannt. Die Buchstaben des Wortes Allah sind sinnbildlich unübertreffbar gewählt, denn auch Buchstaben sind ein Träger von Sinn: Das *Alif* (A), mit dem der erhabene Name beginnt, steht für den Schöpferaspekt. Während das doppelte *lam* (l) den körperlichen Tod und seine Wiederauferstehung (Schuon, S. 122) symbolisiert, das Werden und Vergehen des Geschöpfs, um endlich im *ha* (h), dem Sinnbild des göttlichen Selbst, erneut die Freiheit und Erlösung zu erfahren. Was heißen soll, daß der Mensch zwischen Ewigkeit und Ewigkeit lebt; denn auch für Gott ist Seine Schöpfung ein Weg, der mit der Spende des Lebens beginnt und über die Stationen des Lebens und Leidens Seines Geschöpfs zurück in Seine Gegenwart findet. Und dieser Weg ist das, was der erhabene Name Allah repräsentiert.

Über das Erwachen aus dem gewöhnlichen Schlafe

Kehren wir noch einmal zum Verständnis des Ichs als einer „Kristallisation der Gottesvergessenheit" und dem ‚Organ' dieser Gottesvergessenheit, dem Gehirn als Sitz des Verstandes, und zu der Schwelle des Diesseits zum Jenseits zurück. Diese Schwelle, in der Geschichte der Offenbarungen auch als das ‚Nadelöhr' oder die „Meerenge des geteilten roten Meeres" (Salah Eid) bekannt, befindet sich im Herzen des Menschen[51]. Diese Schwelle ist zugleich die Pforte zur Erinnerung Gottes. Das bedeutet: die Erinnerung Gottes ist ausschließlich im Herzen der Gläubigen möglich. Die Sufis, das heißt diejenigen, die sich Gottes erinnern, werden im Koran als „jene, die Herzen haben", bezeichnet. Jene, die Herzen haben, sind jene, die sich im Herzen ihres göttlichen Herzens, und das heißt Gottes, erinnern.

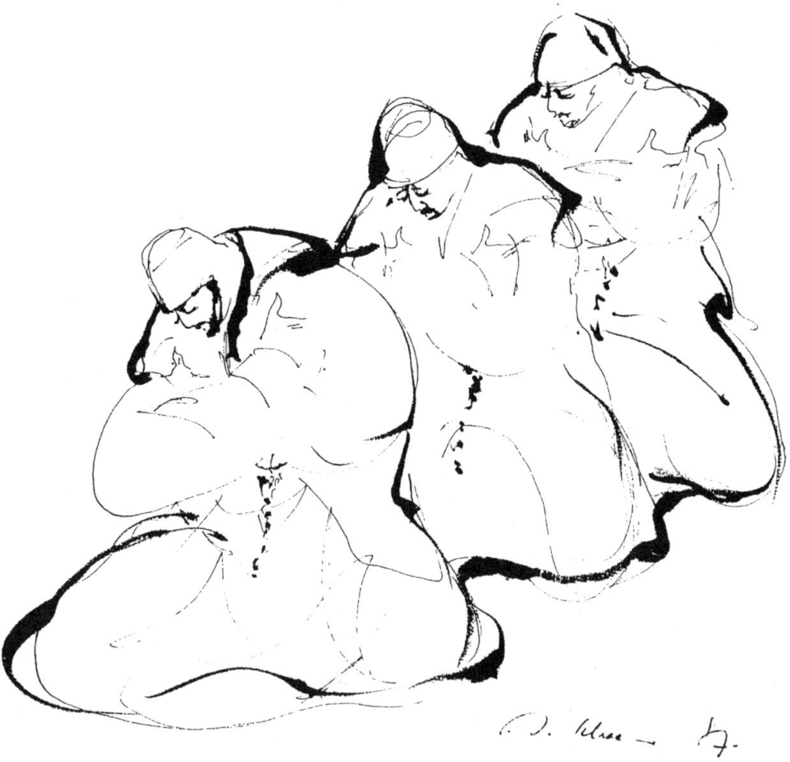

Die Voraussetzung dieser Erinnerung des unter dem menschlichen Ich verborgenen göttlichen Selbstes sind vielfältiger Art. Zu den Verfahren gehören beispielsweise Übungen, welche zur Befreiung aller äußeren (*tadschried*) und inneren Bewußtseinsabgrenzung (*tafried*) und damit Isolationsängsten führen. Was äußerlich durch „Verzicht auf die Verlockungen dieser Welt" und innerlich durch „Zurückweisung aller Belohnungen in dieser und der kommenden Welt"[52] geschieht. In jedem Falle aber gehört zu den unumgänglichen Bedingungen der Erinnerung die Überschreitung des Verstandes und die Rückkehr zum Herzen.

Wenn wir nun den geistigen Pfad, wie es der englische Sufi Martin Lings beispielhaft tut, als ein „allmähliches Erwachen" betrachten, „welches zurückkehrt ... zu den Wurzeln seines eigenen Seins", als „eine Erinnerung des Höchsten selbst" im Herzen des Menschen, dann sprechen wir zugleich von der Unumgänglichkeit des Erwachens des Herzens. Erinnerung und Erwachen erweisen sich als eins.

Die „mystische Verwirklichung" (Lings), die ein solches „Erwachen aus dem gewöhnlichen Schlafe" darstellt, folgt dabei einer deutlich auszumachenden Reihenfolge: Lehre, Verstehen, Verworrenheit, Erleuchtung. Die Saat, der Halm, die Knospe, die Blüte. „Die leicht geschlossene Knospe der Verworrenheit (*hayrah*) wird sich öffnen, sobald ihr die richtigen Bedingungen für die Blüte der Verwunderung gegeben werden"[53]: Auf die Knospe der Vewirrung folgt die Blüte der Verwunderung.

Es ist dieser Zustand der Verwirrung (hayrah), den der große Philosoph und Sufi (der „größte Scheich"), Ibn al-'Arabi, als eine andauernde kreisende Bewegung um einen Punkt herum beschreibt, „welcher geistig unverstehbar ist"[54] und auf den sich Dante mit seinen Worten bezieht: „… und schon drehten und wendeten sich mein Begehren und mein Wille, einem Windrade gleich, welches eintönig durch die Liebe in Bewegung gesetzt worden ist, welches die Sonne bewegt und die anderen Sterne". Zugleich aber, da mit einem Mal, oder allmählich, das Herz erwacht, taucht der in das Herz „entführte" Verstand in den ‚heiligen Schlummer'. Der Verstand des Menschen wird zum „Diener des Herzens", und das ‚innere Herz' wird im Schutze des Erwachens zum Reiter und Meister des ‚äußeren Herzens'[55].

Das Erwachen des Herzens aus dem gewöhnlichen Schlafe, wenn wir dieses als die Durchschreitung der Pforte zum geistigen Pfade bezeichnen wollen, hat zuallererst eine Begegnung mit den menschlichen Sinnen zur Folge, den körperlichen Werkzeugen unserer sinnlichen Struktur. Dieser Teil ist der gefährlichste Teil der geistigen Reise. Denn wie leicht ist der Reisende hier nun geneigt, seinen sinnlichen Vergnügungen stattzugeben und bei den „Rosen am Wege" (Salah Eid) zu verweilen. Denn die Sinne werden leicht, wenn der Verstand sich erst einmal „bettet". Sie lernen anstelle des „Fassens" zu schweifen. Schon *Suchrawardi* (Die Gaben der Erkenntnisse) ermahnt den Mystiker, hier eilends voranzuschreiten, da „die sinnlichen Vergnügungen nur schwache Lichter" seien „im Vergleich zur verbleibenden Reise"[56].

Über die sufischen Lehren vom Sterben während des Lebens

Wer nun, wie wir oben gesehen haben, illa (es sei denn, wenn nicht, außer) als die ‚Schwelle des Diesseits', oder anders ausgedrückt, als ‚Schwelle der Welt der Vorstellungen'[57] erst einmal erkennt und in der Folge seines Erkennens mehr und mehr verwirklicht, wird in der Begriffswelt der Sufis ‚der Sterbende' genannt. Der ‚Sterbende' wiederum ist dem aus dem menschlichen Schlaf ‚Erwachenden' gleich. Er stirbt seinem Ich, um im göttlichen Selbst zu erwachen. Er vergißt sich, um sich Gottes zu erinnern. Er stirbt in der Erinnerung Gottes, wird „wiedergeboren" und ist endlich erwacht.

Allein so dürfen wir das prophetische Wort verstehen: „sterbt, bevor ihr sterbt"; was bedeuten soll: sterbt hier und jetzt in eurem Ich, um in eurem göttlichen Selbst noch in diesem Leben wiedergeboren zu werden. Was der Prophet Mohammed auf die Frage, ob es eine Wiedergeburt im Islam gäbe, mit der Antwort erläuterte: Was fragst du mich, einen Wiedergeborenen?

‚Tod und Wiederauferstehung' werden von den Sufis als fana' (Auslöschung) und baqa' (Fortdauer im Ewigen) bezeichnet. Fana' meint dabei die Auslöschung (Desintegration) des ichbegrenzten Intellektes wie die der ichbegrenzten Seele, baqa' meint ihre Wiedereingliederung (Reintegration) als ein allweltliches, überweltliches Selbst. „Kann doch nur Gott erkannt werden, wenn das Ich des Menschen, welches sich triebhaft für eine selbständige Mitte, eine Gottheit neben Gott hält, angesichts der göttlichen Unendlichkeit ausgelöscht wird, gemäß dem Satze, daß es ‚keine Gottheit außer Gott' gibt."[58]

Fana' und baqa' sind tatsächlich die zwei wesenhaften Stufen sufischer Metapsychologie. Fana' bedeutet die Erlösung aus der Welt der Ungewißheiten, baqa' die Hingabe an das Sein der Gewißheit. Oder, wenn wir fana' und baqa' im Sinne der Verhältnismäßigkeit von Schöpfung und Geschöpf betrachten, bedeutet fana' die Entgrenzung der Grenzen, die Rückverfolgung des Geschöpfes bis in die Wesenhaftigkeit seines Geschaffenseins; die Überschreitung jeglicher menschlicher Form, und baqa' bedeutet das überpersönliche wie überförmliche Sein.

Die ‚Auslöschung' selbst vollzieht sich in vielfachen geistigen ‚Toden'. Wobei der Sufi unter dem geistigen Tod das Verlieren der Persönlichkeit, des Ichs, wie auch der Lebensberechtigungsgefühle und Selbstdefinitionen versteht. Dabei werden, während der „Durchschreitung der Pforte", in der beschwörenden Verneinung ‚la' der ilaha (Gottheiten) diese zuerst einmal mächtig in den Sinnen und, im Anschluß an diese, in der Seele erweckt. Die Sinne, die verneinen sollen, werden erst einmal fassen.[59] Die Seele, die sich lösen soll, muß erst einmal schauen.

Tatsächlich werden, wie der Verstand zu Anfang des Pfades, auch die Sinne, indem sie aus der menschlichen Enge in die himmlischen Weiten gelangen und erst einmal zur Ganzheit erwachen, so schnell es nur geht, in die Lichter des Herzens gebettet und von der Liebe im Herzen gewiegt. Alsdann entschlummern auch die Sinne in ‚heiligen Schlummer'. Verstand und Sinne sind nun göttlich vereint. Erst jetzt, als Folge ihres heiligen Schlummers oder, wenn wir es mehr metaphysisch ausdrücken wollen, als Folge der Überschreitung von Verstand und Sinnen, ist die Seele im Herzen des Sufi-auf-dem-Wege erwacht.

Die Seele gilt in der metapsychologischen Lehre der Sufis als das weibliche Prinzip, welches aus den fünf inneren Sinnen[60] besteht: dem menschlichen Gemeinschaftssinn, der hingabevollen Phantasie, das heißt dem passiven Vorstellungsvermögen, der Intelligenz, dem Gedächtnis und der tätigen Vorstellungskraft (Imagination), wobei der menschliche Gemeinschaftssinn – der Sinn, der in Beziehung tritt – die Fähigkeit des Menschen zur Wahrnehmung der Formen der Dinge bedingt, wie die menschliche Fantasie oder der menschliche Schöpfergeist (Imagination) die Fähigkeit des Menschen zur Wahrnehmung von Bedeutung und Sinn. Während die Intelligenz wiederum die Formen bewahrt, das Gedächtnis jedoch die Bedeutungen dieser Formen wie ihren Sinn.

Den fünften der seelischen, inneren Sinne, die tätige Vorstellungskraft, nennen die Sufi das ‚geistige Herz‘, welches allein die intuitiven Fähigkeiten besitzt, sowohl die Welt sinnlicher Erscheinungen als auch die Welt der Gedanken zu beherrschen. Das geistige Herz ist befähigt, alle Erscheinungen wie ihre begrifflichen Zuordnungen und Erinnerungen aufzunehmen. Es gibt der Seele das innere Gleichgewicht und bewirkt, daß sie in Gewißheit ruht.

Das Erwachen der Seele birgt Gefahren in sich: die Kräfte der ‚*Dschinnen*‘ beginnen sich zu regen. Die Dschinnen oder Geister gelten als die psychischen Kräfte der menschlichen Natur, als die ‚Feuerwesen‘ der Psyche, welche die Herzen verführen und die Sinne verwirren. Sie sind es, die sich als Hindernisse und Gegner erweisen auf dem mystischen Pfade: die (noch) nicht unterworfenen Kräfte des Menschen, die Seelenrebellen, die götzenhaften Gottheiten (ilaha), die es wagen, gegen ihr Vernichtetwerden anzukämpfen und zurückzuschlagen: die Gegner im ‚Heiligen Kriege‘ der Sufis: dem „größeren Heiligen Kriege gegen das eigene Ich"[61].

Doch die Dschinnen sind nicht auf ewig die Gegner des Reisenden auf dem mystischen Weg. Genau wie die *schayatin* (die Satane) im Menschen zum Islam, zur Ergebenheit in Gott bekehrt werden können[62], so werden im Voranschreiten der mystischen Annäherung an Gott, im Laufe der ‚Vergöttlichung‘, auch die in der Seele des ‚Reisenden‘ lebenden Dschinnen nach und nach zum Islam bekehrt. Auch die Dschinnen „dienen Gott"[63]. Auch sie unterliegen den Stufen des Glaubens: islam, imam und ihsan. Auch sie erinnern sich und erwachen, wobei wir unter dem Vorgange des Erwachens oder Erinnerns die Befreiung von den Fesseln seelischer Täuschungen zu verstehen haben. Und richtig verstanden, sind es gerade sie, die Dschinnen, die wir als angebliche ‚Täuschungen‘ unserer Seele erfahren, als deren Bilder, Kräfte und Vergeßlichkeiten. Es sind ihre ‚Tode‘, welche die ‚Wiederauferstehungen‘ der göttlichen Seele bewirken.

Über das Herz als göttliche Schranke

„Wenn wir also vom Herzen sprechen, so wisse, daß wir damit das wahre Wesen des Menschen meinen, das man sonst bald Geist, bald Seele nennt, nicht aber jenes Stück Fleisch, das in der linken Seite deiner Brust sitzt; denn das hat keinen Wert, und auch die Tiere und die Toten besitzen es, und man kann es mit dem äußern Auge sehen. Alles aber, was man mit diesem Auge sehen kann, gehört dieser Welt an, der Welt des Augenscheines. Das wahre Menschenherz aber ist nicht von dieser Welt gekommen."[64]

Al-Ghasali (Algasel), der große Scholastiker und Sufi, aus dessen Abhandlung „Alchemie der Glückseligkeit" die obige Ausführung stammt, weist uns auf das Wesen des geistigen Herzens. „Die Erkenntnis Gottes und das Schauen der Göttlichen Schönheit sind seine Wesensbestimmungen...", sagt er an gleicher Stelle, und: „Das Herz ist geschaffen für die jenseitige Welt"[65].

Diese letztere Aussage ist eine Hauptaussage sufischer Metapsychologie. „Das Herz ist geschaffen für die jenseitige Welt" bedeutet, daß sich die „Auslöschung und Überschreitung des Diesseits" im Herzen vollzieht; es ist geschaffen – das weist auf seine eigentliche Bestimmung, doch ist das Diesseits gewöhnlicherweise seine Bedingung. Was wiederum bedeutet, daß der geistige Pfad gerade darin besteht, die jeweils eigentlichen und göttlichen Bestimmungen in den jeweiligen weltlichen und uneigentlichen Bedingungen zu erforschen. Die Worte Al-Ghasalis: „Stehe fest in dieser Welt, doch beuge dich in die nächste ..." umschreiben diese Aufgabe auf eine weise Art: Im Irdischen das Himmlische zu erkennen. Wenn Al-Ghasali das wahre Herz als ‚Geist' oder ‚Seele' bezeichnet, so weist er auf eine andere der Herzensbedingungen wie Herzensbestimmungen: in der Auffassung der Sufi wird das Herz als eine Hierarchie von Herzen betrachtet, welche, versinnbildlicht in der Jakobsleiter[66], eine über der anderen angeordnet, die stoffliche Welt mit der Lichtwelt verbinden. Im Herzen des Menschen, wie auf der ‚Traumleiter' Jakobs, steigen die Engel herab. Das „Herz ... ist ... von der Art des Urstoffes der Engel ...", sagt Al-Ghasali, „und seine Aufgabe ist das Suchen seiner Glückseligkeit."[67] Tatsächlich gilt das ‚Herz' innerhalb sufischer Metapsychologie als die unterste Sprosse der Jakobsleiter, als die Naht von Himmel und Erde. Einerseits ist es stofflich, hat den Pulsschlag des Blutes und der Erde, und nimmt doch andererseits teil an den höheren Pulsen, an den Rhythmen der Himmel.

Fassen wir das Herz allein irdisch auf, so weist es sich als der Sitz unserer Leidenschaften aus, die Sufis dagegen erkennen, daß das Herz vorbereitet ist für die jenseitige Welt. Aus seiner irdischen Zerbrochenheit vermag sich das Herz in seine himmlische Einheit zurückzuverwandeln. Die heilige Überlieferung lautet[68]: „Himmel und Erde umfassen Mich nicht, doch das Herz Meines gläubigen Dieners umfaßt Mich." Anders als die anderen feinstofflichen ‚Organe' (*lataif*) ist das Herz ein stoffliches Organ und gehört doch dem Reich des Geistes und der Engel an. Es ist das „Reittier der Leidenschaften" und doch der von den Engeln getragene Göttliche Thron. Es ist der Schauplatz des Heiligen Krieges (dschihad)[69] und doch der Aufenthaltsort des Friedens wie der der sieben Paradiese.

Hier können wir nicht umhin, das ‚blinde Herz' von dem ‚erleuchteten' zu unterscheiden. Die Grade der Erleuchtungen des Herzens bilden nachgerade die Sprossen der im Traum geoffenbarten Engelsleiter des reisenden Jakob. Die lichter und lichter werdenden Sprossen der Leiter zu erkennen ist gleichbedeutend mit dem „Finden der Glückseligkeit", von welcher Al-Ghasali spricht. Demgemäß sagt der Koran: „Nicht die Augen sind blind, sondern die Herzen."[70] Was metapsychologisch zu bedeuten hat, daß nicht die Blindheit oder Verderbtheit der äußeren Sinne, sondern die Unreinheit des Herzens, symbolisiert in den Schleiern des Herzens, verantwortlich sind für die Trennung von Gott. Also ist die Erkenntnis von Wesen und Eigenschaften des Herzens der Schlüssel zur Erkenntnis Gottes. Und jene, die das Wesen ihres Herzens erkannt haben, sind im wahren Sinne erst ‚jene, die Herzen haben'[71], die reinen Herzens sind: unverschleiert und glückselig.

Über die Befreiung des Willens

*E*in von den Sufis häufig angeführter Ausspruch des Propheten lautet: „Es gibt ein Glanzmittel für einen jeden Rost. Und das Glanzmittel des Herzens ist die Erinnerung an Gott (sikr)."[72]

Die rituelle Erinnerung an Gott, die gewöhnlicherweise mit einer Reihe von Atemverfahren und Körperbewegungen verbunden ist, wird von den Sufis ‚sikr' genannt. Sikr, wörtlich „Erinnerung", „Wiederholung"[73], kann als die

Hauptübung der inneren Erweckung bezeichnet werden, oder, wenn wir erst einmal innerhalb einer psychologischen Einschränkung verweilen wollen, als das Hauptmittel zur Lösung von der Ich-Abhängigkeit, als der Weg zu ichentbindender Entkonditionierung. Wobei wir nicht verfehlen können, die Konditionierungen selbst als den Rost nicht nur des Herzens, sondern auch und vor allem des Verstandes zu begreifen. Was die Konditionierungen des Herzens betrifft, so lassen sie sich unschwer als jene offensichtlich unauflösbaren Gefühlsmasken, als die Masken der Ichleidenschaft erkennen, welche die Griechen wie die Araber vor Christus und Mohammed als Götter und Götzen (ilaha) verehrten, als Schleier der Gottesvergessenheit des menschlichen Geschöpfs.

Doch auch die ‚höheren‘, schöpferischen ‚Organe‘ des Menschen sind an Masken gebunden. Auch der Wille des Menschen unterliegt seinem triebhaften Ich[74]. Die Psychologie und Metapsychologie des Sufitums wissen um diese als „eigener Wille" ausgegebenen Zwänge. Denn gerade ein Reisender auf dem mystischen Pfade, jemand also, der vom äußeren göttlichen Formen-Gesetz aus unterwegs zur innersten, formlosen Wahrheit ist, von der Welt der Scheinhaftigkeiten und Mannigfaltigkeiten in das Göttliche Einssein, wird, in der Nachfolge der Erweckung seines geistigen Herzens, dem eigenen Willen als Gegner begegnen. Der menschliche Wille besteht aus gebundener Form, die in diesem Fall eine gerichtete Absicht, einen fest umrissenen Plan und den gewollten Gegenstand in sich einschließt, also nicht diffus und ungewiß ist; er haftet am Ich und vollzieht sich ganz im Schatten der Gottesvergessenheit des unvollkommenen Menschen.

Nach dem Verständnis der Sufis darf sich jedes „ich will" eines Menschen nur innerhalb der Göttlichen

Erlaubnis vollziehen. ‚Erlaubnis' ist die Bestimmung, die im ‚Urvertrag' festgelegt ist[75]:

> „Und keine Seele kann glauben, es sei denn mit Gottes Erlaubnis ..."[76]

heißt es in der 10. Sura (Vers 100) des Koran. Und:

> „Er (Gott) wird Seinen Zweifel (und Seine Dunkelheit) auf jene herabsenden, welche nicht verstehen."[77]

Das heißt einerseits, auch der menschliche Wille ist einer bedingten Göttlichen Begrenzung, und d.h. der Gnade Gottes, unterworfen, und andererseits: innerhalb der Erlaubnisse Gottes, d.h. der Vorherbestimmtheit, ist der menschliche Wille *frei*. Frei allerdings erst, wenn er als der uranfänglich Göttliche Wille und vorbestimmte Wille erkannt worden ist, wenn der Reisende auf dem mystischen Pfade zu wollen lernt, was Gott will:

> „Wohin also wollt ihr gehen?
> Dieses ist ja nur eine Ermahnung ...
> für jene unter euch, die recht wandeln wollen,
> Dieweil ihr nicht anders wollt, als Allah will,
> der Herr der Welten."[78]

Diese Ermahnung, die sich insbesondere auf den mystischen Reisenden zu richten scheint, verlangt vom Sufi-auf-dem-Weg, sich infolge seiner Erkenntnis des Göttlichen Willens in der Übereinstimmung mit dem Willen Gottes zu üben. Denn erst eine solche Übereinstimmung mit dem Willen Gottes ist tatsächlicher Islam[79]. Diese Hingabe an den Willen Gottes, welcher die vorherige Erkenntnis des Göttlichen Willens einschließt, bedeutet für den Reisenden-auf-dem-Weg-der-Sufi, tatsächlich von seinem eigenen, durch das beengende Ich begrenzten Wollenmüssen befreit zu sein und nun den Willen des eigenen Selbst zu erleben: den ‚rechten Willen'[80], in dessen klaren Gewässern sich die uranfänglichen Göttlichen Prinzipien spiegeln, die Schöpfungslichter und die Erhabenen Namen.[81]

Auch bezüglich seines Willens heißt es also für den Sufi-auf-dem-Wege, sich der Führung Gottes anzuvertrauen. Erst jetzt, nach Überwindung der gewöhnlichen chaotischen und nur scheinbaren Freiheit des Willens, wird der Sufi-auf-dem-Wege zum ‚Befehl seines Herrn'. Erst jetzt wird er die Göttlich offenbarten Worte verstehen:

„Und Er wird Euch fügen,
in welcherlei Form Er auch immer will."[81]

und

„Denjenigen, den Er schuf, gestaltete Er
in geziemender Weise und gab ihm ein
gerechtes Maß."[81]

Was ihm nunmehr bedeutet wird, daß einerseits der gewöhnliche Wille des Menschen die Formen seiner Ich-Gefangenschaft bedingt; daß jedoch andererseits der menschliche Wille gerade durch den Kampf gegen die Grenzen des Ichs bestimmt ist, und d.h. diese Grenzen erst und eigentlich bildet. Und, daß erst in der Überwindung des ichhaften Willens die Freiheit besteht, die Formen und Grenzen des Ichs zu erkennen und als „geziemendes Maß" zu bekennen. Der willensbefreite Sufi erst fügt sich der eigenen menschlichen Form: er akzeptiert die Grenzen, die sein Schöpfer ihm setzt, verwirft sie nicht und will nicht über sie hinaus. Da jeder menschliche Konflikt nur aus dem Widerstand gegen das besondere und begrenzte Gestaltetsein jedes einzelnen Individuums herrührt.

Über die Befreiung von der Vorstellungskraft

Wie als erstes die menschliche Vernunft und nach ihr das Herz des Sufi-auf-dem-Wege (mutasawwif) durch das heilige Paradoxon ‚La ilaha illa Llah' (Keine Gottheit, außer Gott) in den heiligen Schlummer gefallen sind, so hat sich nun endlich auch der menschliche Wille demselben anheimgegeben. Aus keinem anderen Grunde als dem, frei für die Verwirklichung des Göttlichen Willens auf Erden zu sein, hat sich der „reisende Arme"[84] nun endlich seinen ihm gegebenen Formen und Grenzen und irdischen Bedingungen gefügt. Er ist nunmehr der göttliche ‚Knecht' geworden und steht im ‚Befehl seines Herrn'. Verstand und Sinne sind ‚gestorben', die Seele im Dienste des Göttlichen Willens erwacht.

Tatsächlich gehört auch der ‚Willenstod' des Reisenden zu der Folge aus menschlichen Toden und göttlichen Wiedergeburten der offenbaren wie verborgenen ‚Organe', die infolge des mystischen Todes erwachen. Der Tod der Sinnesleidenschaften wie der Bedeutungstod des erklärungssüchtigen Verstandes waren ihm vorausgegangen. Nun ruht auch der menschliche Wille im göttlichen Grab[85]. Das übersinnliche und übergedankliche Licht, welches sich gewöhnlicherweise – selbst in den häßlichsten Gedanken und bösesten Leidenschaften – verborgen hält, strahlt nun beinahe im vollen Glanze. Doch erst wenn das Licht in seinem vollsten Glanze erstrahlt, werden *alle* sichtbaren Dinge entschwinden.[86]

Tatsächlich sind Dunkelheit und Licht für den Sufi metaphorische, d.h. bildliche Erfahrungen. Dasein ist Licht[87]. Dasein aber bedeutet zugleich das Dasein der Göttlichen Schleier, was dem Sufi-auf-dem-Wege bedeutet: Die Schleier des Pfades sind nur Schleier aus Licht. Anders ausgedrückt, die Tore des Göttlichen Hauses stehen jederzeit offen: „Tritt ein in die Nische des Lichts."[88] Denn es liegt nur am Widerstand menschlicher Einbildungs- und Vorstellungskraft, welche im wahren Sinne des Wortes dem Göttlichen Licht Vorstellungen „vorstellt" und sich selbst, bereits mit dem Göttlichen Willen geeint, gegen die Überwältigung durch das im Göttlichen Willen tätige Göttliche Licht und die in diesem tätige Göttliche Liebe wehrt, daß der Sufi-auf-dem-Wege nicht wagt, sich in die Dunkelheit seiner Vorstellungskraft zu begeben, und d.h. in ihr zu sterben. Die menschliche Vorstellungs- oder Einbildungskraft des Sufi-auf-dem-Wege aber stirbt erst in der Unendlichkeit seiner ihm innewohnenden archetypischen Einbildungslosigkeit, die als Strom seiner Vorstellungskräfte, als ewiges Flußbett seiner Vorstellung dient. Erst in der vollkommenen bildhaften Auslöschung, in der Dunkelheit Gottes, erstrahlt das versprochene Göttliche Licht[89]. Denn: „Alles vergeht (in den Welten), außer dem Antlitz des Herrn"[90].

Die Befreiung von der Vorstellungs- oder Einbildungskraft, so wie wir sie hier verstehen, bedingt insgesamt die Befreiung von jeglicher Gottesvorstellung schlechthin. „Du sollst dir kein Bildnis [Gottes] machen", – das von Moses empfangene Gesetz bildet die glaubensgemäße Grundlage für diese endlich verwirklichte Befreiung von der Leidenschaft der Seele, sich doch immer wieder fantasievoll verbilden zu wollen. Der Weg vom Gesetz (schari'ah) zur inneren Weisheit dieses Gesetzes (haqiqah) nun liegt für den Sufi-auf-dem-Wege in der Erreichung des fana' (der Selbstauslöschung) seiner Vorstellungswelt, was durch die tägliche vielfache Wiederholung der Anrufung *„Allahu akbar"* („Gott ist größer") nachhaltig gefördert wird. Denn welcher Vorstellung sich der ichhafte und unerleuchtete Verstand oder die ichhafte und unerleuchtete Seele auf ihrer jeweiligen Entwicklungsstufe auch immer hinzugeben bereit sind, so fordert sie das bekennende „Allahu akbar" („Gott ist größer") doch immer wieder zur Grenzüberschreitung und zur Befreiung aus ihren jeweiligen Vorstellungsgefängnissen auf. Gerade die rituelle Wiederholung von „Gott ist größer" weist der Seele, welche natürlicherweise bestrebt ist, sich als Folge des paradiesischen Falles in entlastende und entschuldigende Bilder von ihrem eigenen Fall zu begeben, den Weg von den ‚gefallenen Engeln' in die uranfänglichen paradiesischen Weiten zurück.

Was die haqiqah, die innere Wahrheit, des mosaischen Gesetzes angeht, so wird sie für den Sufi-auf-dem-Wege in der *sura al-ichlas* (113. Sure des Koran), der Sura der Aufrichtigkeit, offenbar: „... Und nichts ist ihm (Gott) vergleichbar." Im wesentlichen in der Wiederholung (bis 1117 mal am Tage) dieser Sura gelangt die Vergleichssucht der Seele zur Ruhe. Denn „und nichts ist ihm vergleichbar" weist alles, außer der Einheit und Einzigkeit Gottes, zurück. Gott allein verbleibt. Die Welt der Vergleiche, und d.h. die Welt der Mannigfaltigkeiten und Bilder, vergeht. Der Sufi-auf-dem-Wege befindet sich auf der Stufe der Gnosis (*ma'rifa*): „Denn er (Gott) allein weiß", und es ist er (Gott), dem der Name *al-'Alim*, „der Wissende", gebührt, und „wir sind die Unwissenden". Auf der Stufe der Gnosis (ma'rifa) hat der nun verwirklichte Sufi tatsächlich den letzten seiner ‚Tode' überschritten, nachdem er im ‚Willenstod' zum Willen Gottes gefunden und im ‚Liebestod' die göttliche Liebe erlitten hat, denn „Er (Gott) liebt sie (die Menschen)"[91], er hat ihn bereits vorher aus seinen eigenen Liebesstrebungen in den Zustand der göttlichen Liebe (*mahabba*) hinein befreit. Denn auch der „Liebende" oder „Sich-in-Liebe-Nähernde" ist einer der Namen, und d. h. Eigenschaften Gottes. Der Sufi-im-göttlichen-Tanze hat ‚Leila' umarmt. Gott hat ihn (wie immer) geliebt, und er (der Mensch) hat sich Seiner Liebe nun endlich erkennend ergeben.

Die Lehre vom vollkommenen Menschen

In seiner Veröffentlichung „Ideals and Realities of Islam" spricht einer der bekanntesten lehrenden und gelehrten Sufis unserer Tage, Hossein Nasr, davon, daß es „jene" gäbe, „welche die Intelligenz im Namen der Demut" hassen und selbst Gnosis (Gotteserkenntnis) als Stolz ansähen, und das, als ob ein Gnostiker nicht jemand sei, welcher allein durch Gott wisse (*al-'arif bi'Llah*). „Jemand also, der Gott durch Gott selbst kenne und nicht durch sein eigenes menschliches Wissen."[92] Und er fährt fort: „Intelligenz zu hassen bedeutet die kostbarste Gabe zu hassen, welche Gott den Menschen gegeben hat" (S. 139). Diese Auffassung der Sufis hat ihren Ursprung in der Aussage des Propheten Mohammed: „Das erste, was Gott schuf, war der Intellekt", und in der Aussage seines vierten Nachfolgers und Schwiegersohnes und Stellvertreters (*chalifa*) 'Ali: „Gott gab Seinen Dienern nichts Schätzenswerteres als die Intelligenz".

Offenbar scheinen diese Aussagen der Forderung Ibn al-'Arabis nach dem Zustande der Verworrenheit (hayrah) zu widersprechen, in dem der Verstand zum Diener des Herzens wird. Doch der Augenschein trügt hier sehr. Dieses hat seinen Grund darin, daß wir die menschliche Intelligenz, welche die Masken des Ichs herausbildet, formt und mit ihren Mitteln verfestigt, mit der göttlichen Intelligenz, oder göttlichen Vernunft – oder, wenn wir es lieber wollen, dem ‚Geiste Gottes' verwechseln. Denn während die menschliche ichhafte Intelligenz das unvollkommene, d.h. beschränkte Ich als einen begrenzten Aspekt Gottes in den Mittelpunkt seiner Weltenschau stellt und alles, was von seiner eigenen Formenge abweicht, verneinen muß, umfaßt und schöpft die göttliche Intelligenz jegliche förmliche und überförmliche Andersheit und schließt doch gleichzeitig auch die Ichheit, und d. h. den einen begrenzten Anblick Gottes, in sich ein. „Das erfordert", wie es Titus Burckhardt (Vom Sufitum, S. 84) sagt, „einige Erklärungen über den Unterschied der allheitlichen und der ichhaften Seele: deren letztere durch die Form bedingt ist, während die allhafte Seele notwendigerweise überförmlich ist, d. h. wie ein Urstoff ist, aus dem alle einzeltümlichen (d.h. individuellen) Seelen geschöpft sind ..."[93].

Burckhardt fährt dann fort: „(Erst) der Mensch, der seine Einheit mit dem Geiste und dadurch seine Einheit mit Gott ganz verwirklicht hat, ist der ‚vollkommene' oder ‚allheitliche Mensch' (*al-insan al-kamil).* In ihm vollzieht sich gewissermaßen die Verbindung zwischen dem Göttlichen und dem Geschöpflichen. Gleichzeitig ist er die wesentliche Zusammenfassung all dessen, was in der Welt als vielfältige Bruchstücke erscheint. Er ist das ‚Buch' ..., in dem alle Dinge aufgezählt sind. Als Mensch behält er zwar seine einzeltümliche Form; seiner inneren Wirklichkeit jedoch eignen sich alle Formen und Daseinsweisen." In diesem Zusammenhang erkennen wir hayrah, den Zustand der Verworrenheit, als einen Überleitungszustand, der aus der Welt der Einzeltümlichkeit (Individualität), also aus dem Diesseits, in die Welt der Alltümlichkeit, in das himmlische und vollkommene Jenseits – oder, wenn wir es so wollen – ins menschliche Gattungsdasein hinausführt.

Der Persönlichkeitsmensch wird in den allweltlichen (universalen) Menschen verwandelt[94]. Der allweltliche oder universale Mensch ist der religiöse, der bewußt an

Gott gebundene Mensch. Er hat in bewußter Anstrengung – wenn nicht, wie in seltenen Fällen, nur aus Gnade – die Überwindung der eigenen kulturellen und persönlichkeitshaften Bedingungen erlangt. Er hat im Namen und mit Hilfe Gottes die Göttliche Einheit, den Zustand der Knechtschaft erreicht. Er ist Knecht geworden und doch erst jetzt und recht sein eigener Herr. Das bedeutet, daß wir den allweltlichen Menschen (al-insan al-kamil) als den aus den Bedingungen seines menschlichen Falles entbundenen Menschen, als den entkonditionierten Menschen betrachten müssen, dessen Wahrnehmung[95] im Laufe seiner Bewußtwerdung, seiner ‚Auskehr' aus der Welt der Vielfältigkeit, erwacht. Er nimmt nunmehr die einzige Wirklichkeit Gottes (al-Haqq) wahr. Die Lehre des allweltlichen oder universalen Menschen (al-insan al-kamil) ergänzt die Lehre von der Einheit des Seins (wachdat al-wudschud)[96]. Sie bedeutet, daß der Mensch, so wie er sich im Sufitum darstellt, ein Wesen ist, welches in sich einen jeglichen der vielfältigen Zustände und Stufen des Seins in sich trägt, wenn auch die übergroße Mehrheit der Menschen der Schwingungsbreite ihrer eigenen Natur nicht gewahr wird und der Möglichkeiten, die sie in sich verborgen tragen. „Nur der Heilige dagegen verwirklicht die Ganzheit und Allumfassenheit der Natur des allweltlichen Menschen und wird infolgedessen der vollkommene Spiegel, in welchem Gott sich selbst kontempliert (anschaut)"[97].

Der bereits mehrfach angeführte Ibn al-'Arabi begründet die Wirklichkeit des vollkommenen Menschen (al-insan al-kamil) mit der von Gott dem Menschen gegebenen ‚göttlichen Form', womit er auf die *Identität* oder das Selbst eines Menschen anspielt. „Denn Gott erschuf Adam nach Seiner Gestalt." Doch Seine Gestalt (oder Form) ist nichts anderes als Seine Göttliche Gegenwart selbst. Was

Ibn al-'Arabi an gleicher Stelle (S. 98/99) bezüglich des vollkommenen Menschen betont, ist das sufische Verständnis, daß Gott allein im vollkommenen Menschen *alle* Seine eigenen Eigenschaften und Heiligen Namen offenbart. Denn, so Ibn al-'Arabi: „Gott ist niemals unstofflich, und der Anblick einer schönen Frau (und, wenn wir im Sinne Ibn al-'Arabi fortfahren würden: der Anblick des geheiligten und vollkommenen Menschen) ist der schönste der Anblicke Gottes."

Als Träger der Göttlichen Namen[98] ist der vollkommene Mensch der Stellvertreter Gottes auf Erden. Demgemäß müssen wir die koranische Aussage verstehen: „Denn Wir sandten ihn (den Menschen) als Unseren (Gottes) Stellvertreter herab …"

Diese Stellvertretung Gottes ist für den Sufi stellvertretend im zweiten Teil des Bekenntnisses (la ilaha illa 'Llah, Muhammed ar-rasulu 'Llah), „Mohammed ist Gottes Gesandter", offenbart. Denn, während der erste Teil der schahada, wie wir oben gesehen haben, die offensichtliche und mannigfaltige Welt insgesamt außer der Einheit Gottes verneint (la ilaha illa 'Llah), bejaht ihr zweiter Teil ‚Muhammed ar-rasulu'Llah' tatsächlich die Möglichkeit menschlicher offensichtlicher Verwirklichung: der Gesandte Allahs (*Muhammad*), „der Gedankte", ist der aus den Paradiesen in die irdischen Bedingungen gesandte Gläubige, der Gott so lange lobpreiset und dankt, bis Gott ihn selbst wiederum lobpreist und ihm dankt und ihn in die Gewänder der himmlischen Dankkraft kleidet: als den vollkommenen Menschen.

Die Vollkommenheit des vollkommenen Menschen ist himmlisch und irdisch zugleich. Denn während sich der Sufi einerseits der Aussage des Propheten: „Sei in dieser Welt einem Fremden oder Vorübergehenden gleich" erinnern wird, so wird er sich doch gleichzeitig seiner weltlichen Vollkommenheit erinnern, welches im Brauchtum des Islam (*sunna*) niedergelegt ist, der prophetischen Aussage gemäß: „Handele in dieser Welt, als ob du tausend Jahre zu leben hättest ..."

Über Brauchtum und Pflicht

Wie es 1001 Nächte bedurfte[99], um die in „Märchen" verschlüsselten mystischen Geheimnisse des esoterischen Islam, des Sufitums, zu beschreiben, so würde es sicher mehr als 1001 Tage bedürfen, um die ganze ‚Gestalt' der Lebens- und Denkpraxis des islamischen Propheten vorzustellen. Wobei wir an dieser Stelle nicht von der grenzenlosen Wesentlichkeit (haqiqah) des Propheten zu sprechen beabsichtigen, da diese selbst für die Bedeutendsten seiner Nachfolger (der Sufis) als Ganzes unzugänglich ist. Denn als *Bayasid Bistami*, einer der angesehensten Sufi, einst beispielhaft versuchte, die Weisheit Mohammeds, die *haqiqah al-muhammadiyya*, zu erreichen, nämlich die Wesenhaftigkeit des letzten der Propheten, fand er sich vor zehntausend Ozeanen aus *nur*, aus ‚Licht'![100] Als er sich in jenen Ozean einzutauchen anschickte, schrie ihm eine Stimme entgegen: „Oh Bayasid!! Halte dich fern! Du könntest verbrannt werden durch dieses *Nur*! Halte dich fern!"

Bei der nun folgenden Darstellung des vom Propheten vorgegebenen Brauchtums, der sogenannten Sunna, geht es im Gegensatz zur Esoterik seiner prophetischen Praxis und Weisheit um größtenteils exoterische Handlungen, wiewohl sich unter den etwa zweihunderttausend Überlieferungen (*ahadith*), die allein der als „die Autorität des Islam" bekannte Perser Hamid Al-Ghasali auswendig kannte, viele befinden, welche auf eine eher esoterische

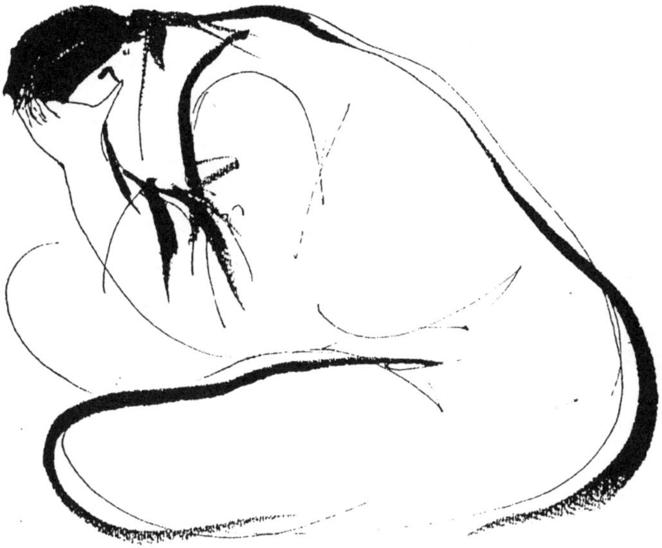

Ausübung der Religion hinweisen als auf eine nur äußerliche. Die Sunna, d.h. das vom Propheten festgelegte Brauchtum, hat seine Grundlagen vor allem in den Aussprüchen Mohammeds sowie in denjenigen seiner Frauen und Gefährten. Diese Aussprüche werden ahadith (Einzahl: hadith) genannt.

Wir müssen unterscheiden zwischen den Begriffen Sunna einerseits und hadith (oder ahadith) andererseits. Beide könnten mit dem Begriff ‚Tradition' übersetzt werden. Wobei hadith (oder ahadith) im wesentlichen eine als Geschichte oder Bericht festgehaltene mündliche oder schriftliche Überlieferung meint, welche uns eine Zusammenfassung dessen gibt, was der Prophet Mohammed oder eine seiner Frauen oder einer seiner engsten Gefährten über einen bestimmten Lebensumstand ausgesagt haben, wohingegen die Sunna eine aus einer oder mehreren ahadith hergeleitete Lebenspraxis bezeichnet oder, wenn wir einen anderen Begriff vorziehen wollen, den prophetischen Brauch.

Der Begriff Sunna entstammt einer sprachlichen Wurzel (snn), welche „bilden" oder „formen" bedeutet. Wenn wir den Begriff Sunna im Sinne der äußeren Formgebung untersuchen, kommen wir nicht umhin, erneut auf die Übereinstimmung von Formen und ihrem jeweiligen Sinn hinzuweisen, da die Form nichts anderes ist als ihr eigener Sinn[101]. Scheich 'Abd al-Qadir as-Sufi, Schotte und Sufi des zwanzigsten Jahrhunderts, bezeichnet daher die Sunna, wie insgesamt den Islam, als Wissenschaften[102]. Diese Auffassung von Sunna und Islam überwindet und bekräftigt gleichzeitig unser psychologisches und metapsychologisches Verständnis von ‚Religion'. Bereits *Dschunaid,* einer der herausragenden Gipfel[103] der Sufis, sagte, daß er, hätte er nur eine größere, und d. h. umfassendere Wissenschaft als das Sufitum gekannt, auf Händen und Füßen zu ihr gekrochen wäre[104], was sich entsprechend auch in der sufischen Auffassung vom mystischen Wege als der „allumfassenden Erforschung Gottes" wiederspiegelt.

Aus dem Gesagten geht hervor, daß sich der Sufi nur anfangs psychologisch, doch bald schon metapsychologisch erforscht. Zuerst ‚horizontal' seine Seele- und Ahnenforschung betreibt, die Art seiner Eltern, Geschwister – sein Umfeld – begreift, doch später ‚vertikal' weiterforscht; indem er sein Verhältnis zu Gott, zum Absoluten und nicht Relativen, hin überprüft. Er selbst steht von der Welt getrennt im Fokus der Beobachtung. Er wird „ein-sam" und „all-ein" (Salah Eid), und er erforscht sich selbst dermaßen losgelöst, als ob es auf der Welt nur ihn als singuläres Schöpfungs-Phänomen gäbe. Was seine Fragen nach *seinen* ureigenen Lebensformen und Handlungsmustern zwingend miteinschließt.

Der heilige Bericht: „Wer sich selbst erkennt, erkennt seinen Herrn", bedingt nachgerade die Erforschung auch der äußeren Form. Sie ist von gleicher Wichtigkeit wie die Erforschung des Inneren, denn nach koranischem Verständnis ist Gott der „Innere und Äußere" zugleich[105], und das Äußere kann nicht getrennt vom Inneren werden. So daß das *Wie* jeder Handlung, die Art der Höflichkeit selbst, zu einem konkreten Glaubens- und Gewissensakt wird: *wie* soll man sich gegenüber den Mächtigen und Reichen, den Kranken und Armen, dem Mann und der Frau, den Eltern und Kindern in jedem Einzelfall und generell verhalten? Wie soll man, was man besitzt, gottgefällig am besten verwalten? Wie soll man die Nahrung bereiten? Und wie sie zu sich nehmen? Wie ist Politik zu gestalten? Wie soll man jede Art von *Transaktion* auf *Erden*, sein soziales und persönlich-intimes Verhalten gestalten?

Für den Muslim und Sufi ist Mohammed der letzte Gesandte Gottes auf Erden – was die Anerkenntnis aller ihm vorausgegangenen Propheten und Gesandten einschließt. Dementsprechend sieht er im Lebensbrauch des Propheten (sunna) das Maß menschlicher Vollkommenheit, den alleinigen Maßstab des eigenen Lebensbrauches, da allein in der Befolgung der Gesamtbotschaft des Propheten, die alle Äußerlichkeiten miteinschließt, die Hoffnung begründet liegt, auf eine der prophetischen Vollkommenheit nahe Stufe der menschlichen Vollkommenheit zu gelangen.

In diesem Sinne könnten wir das prophetisch vorgelebte Brauchtum als die letzte der göttlichen oder göttlicherseits offenbarten Verhaltenstherapien bezeichnen, als die letzte in einer Offenbarung des Herzens begründete Idealform einzelmenschlichen und zwischenmenschlichen, d. h. gesellschaftlichen Verhaltens. Wir könnten auch sagen, daß der salik, der Reisende, gerade zum Zwecke seiner irdischen Reinigung, seiner förmlichen und äußerlichen Vorbereitung auf seine letztlich geistige Reise, gehalten ist, sich (mit Ausnahmen, die rein historisch bedingt sind) an die Lebensbräuche des Propheten als seines eigenen Ur- und Vorbildes zu halten, da – sufischem Verständnisse nach – die der irdischen Vorbereitung folgende sieben- bzw. neunfältige Himmelfahrt, die geistige Reise, nicht anders als im „Leibe" des Propheten möglich ist, und dieser ist ein Sinnbild seines eigenen förmlichen Brauches.

Nicht nur Nachdenken, sondern sehendes Nachtun wird dem Sufi so zum Leitmotiv. Was *blinde* Imitationen allerdings *nicht* zwingend bedingt, da dem Muslim und Sufi die persönliche Prüfung auferlegt ist.

Über die Waschung als heilige Pflicht

Wenn wir die innere Sinnhaftigkeit des religiösen Brauchtums richtig verstehen wollen, gilt es zuallererst, dessen wesentliche Voraussetzung, wie sie im innerlich wie äußerlich vollkommenen Menschen verwirklicht ist, zu verstehen. Diese wesentliche Voraussetzung liegt in der geistigen Armut des werdenden Sufi, wie sie stellvertretend in der Seligpreisung: „Denn selig sind die im Geiste arm sind ..." als einer der Voraussetzungen der Umwandlung des unvollkommenen in einen vollkommenen Menschen offenbart worden ist. Denn nur infolge eines idealen Brauchtums vermag geistige Armut im Diesseits zu entstehen.[106] Geistige Armut bedeutet, sich ganz und gar, ohne inneren Anspruch auf ein eigenes Ich, der Führung eines vollkommenen Formenkanons hinzugeben. Inmitten und umgeben von eingebildeten förmlichen Zeugnissen menschlicher Unvollkommenheit, sich selbst von den beseligenden Kräften göttlicher Form tragen und verwirklichen zu lassen.

In diesem Zusammenhang gilt die rituelle Waschung, *wudu'*, gerade im islamisch-esoterischen Brauchtum als das eigentliche Mittel der ‚Vergöttlichung'. Sie ist nicht nur allein als Reinigung von der Unvollkommenheit menschlicher Formen zu verstehen, sondern auch als die ständige Erneuerung des Bundes zwischen dem Menschen und Gott – darin der christlichen Taufe (als einer Handlung der Wiedereröffnung des Unsichtbaren verstanden) verwandt; denn tatsächlich ist das für die Waschung verwendete Wasser das bedeutendste Sinnbild, welches das Geschöpf an das Wasser seiner eigenen Geschöpflichkeit gemahnt, da es die Auffassung vom Wasser als dem schöpferischen Urelement gibt. Alles ist aus dem Wasser geboren, was – hergeleitet aus der Schöpfungsgeschichte

– bezüglich der rituellen Waschung seine mythologische Entsprechung darin hat, daß der von den Engeln getragene Göttliche Thron[107] auch und gerade über dem für die Waschung (wudu') verwendetem Wasser weilt und der Waschende sich insofern, indem er sich mit dem geheiligten Wasser bedeckt, in den Schutz des Göttlichen Thrones begibt. Anders gesagt, weist jede Waschung darauf hin, daß Wasser das zuerst von Gott gesegnete der Elemente war, dessen Segen zur Schöpfung weiterer Schöpfungen führte.

Auf dem geistigen Pfad als der Gesamtheit der ‚diesseitigen' und ‚jenseitigen' Selbsterforschung des mystischen Reisenden erhält das für die Waschung notwendige Wasser die Bedeutung eines das Jenseits versinnbildlichenden Weihungsmittels. Symbolhaft besitzt es die Macht, auch diesseitige Handlungen des Gläubigen einem jenseitigen Ziele zu weihen.

Während der rituellen Waschung verläßt der Gläubige das Gefängnis seiner Alltagseinbildung und öffnet sich der Welt übermenschlicher Freiheit. Das wudu' wird, insbesondere von den Sufis, deshalb als ‚Trennung'[108] bezeichnet, als Trennung von der äußerlichen Welt. Die rituelle Waschung vor jeder weihewürdigen menschlichen Handlung wie dem Essen, Trinken, der sexuellen Liebe, dem Gebet und jeglicher geistiger Übung usw. ist eine Handlung des „Eintauchens" in die „süßen Ströme"[109] der Unerschaffenheit; wobei sich der Eintauchende in seiner Geschöpflichkeit, seiner ichbegrenzten Förmlichkeit vollends auflöst und vergißt, da allein der Zustand der Ichvergessenheit, das Außer-sich-Sein im Sinne der Ichüberschreitung, die Gotteserinnerung ermöglicht.

Allein wenn wir diesen Zusammenhang bedenken, können wir die folgende Aussage des „Scheik al-Kamil" begreifen, wenn er sagt: „Verrichte Dein wudu' wie ein heiliger Verrückter (*madschhub*), und das Gebet wie ein sterbender Mann."[110]

Der bereits erwähnte 'Abd al-Qadir as-Sufi sieht im wudu' eine scharfe Trennung zwischen natürlichen Ereignissen und Energien, d.h. den Energien vor allem des triebhaften Ichs auf der einen Seite und den Energien der höheren Ichs oder Seelen auf der anderen Seite[111]. Seinem Verständnis nach wird gerade durch die rituelle Waschung, die gleichermaßen auf die Oberfläche des Organismus wie auf das Erfahrungszentrum selbst einwirkt, im Bewußtsein ein Bruch zwischen den Handlungen des Menschen und seinen Ichheiten (nafs) bewirkt[112]. Das hat zur Folge, daß der Sich-Waschende seine eigenen Handlungen als „unwirklich" erkennt[113].

Die Waschung selbst besteht aus der je dreimaligen Waschung von Händen, Gesicht (welcher eine dreimalige Ausspülung des Mundes und eine dreimalige Ausspülung und Ausschneutzung der Nase vorausgeht), Armen (bis über die Ellenbogen), dem Hals, den Ohren, den Haaren (welche nur einmal gewaschen werden) und Füßen (bis über die Knöchel hinauf), währenddessen die rituelle Einleitungsformel: „*a'usu bilahi minna scheitan-ir-radschiem, bismillah ir-rachman ir-rachiem*" („Gott beschütze uns vor dem gesteinigten Satan, im Namen Gottes des Gnädigen, des Allbarmherzigen") vorangestellt wird, dem ein zumeist koranisches Bittgebet folgt. Diese rituelle Zufluchtsuche in die barmherzige Göttliche Einheit vor dem „gesteinigten Satan" entspricht in deutlicher Weise dem ersten Teil der Glaubensbezeugung (schahadah) 'la ilaha illa ‚Llah'. Denn während die Welt der Scheinhaftigkeiten und Mannigfaltigkeiten, versinnbildlicht im gesteinigten Satan, als dem ‚Einflüsterer'[114] und ‚Einbilder', verneint und verwiesen wird, ruft der zweite Teil die alleinige Anwesenheit Gottes herbei und siegelt sie zugleich mit den geheiligten Wassern der Göttlichen Schöpfung, was bedeutet: der Körper wird an seine Geschöpflichkeit und Schöpfung erinnert.

Diese Erinnerung wiederum ist eine sinnbildliche Bekräftigung des von Gott[115] geschaffenen menschlichen Körpers als der Noahschen Arche, welche – überflutet von der Sintflut diesseitiger, gewaltiger Kräfte – die durch den Fall dualistisch[116] gewordene Seele zur mystischen Rückkehr in die Göttliche Einheit einlädt. D. h. die Schlacken des von Gott getrennten Daseins (die Welt der Scheinhaftigkeiten, dunya) werden hinweggewaschen, und der Mensch wird dadurch bereit, vor seinen alleinigen Gott zu treten[117]. Im Zusammenhang mit der Wasserreinigung[118] sollte erwähnt werden, daß nach sufischer Lehre der Kosmos, und insofern der Mensch als Mikrokosmos eingeschlossen, aus vier Elementen besteht: Feuer, Wasser, Erde, Luft, welche aus den vier ihnen zugeordneten Himmeln stammen: dem Himmel des Feuers, dem Himmel des Wassers, dem Himmel der Erde und dem Himmel der Luft[119]. Ein jeder dieser vier Himmel ist wiederum aus zwei von vier Eigenschaften gebildet: heiß, kalt, naß und trocken. Eine dieser Doppelverbindungen, nämlich die heiß/nasse, ist das Schöpfungsprinzip[120] selbst, welches wiederum als die Natur des Gesandten (Mohammed) bekannt ist[121] oder als die „Macht der jenseitigen Welt".

„O Herr, belohne mich mit einem weinenden Auge", heißt das Bittgebet des Propheten Mohammed, darin die heiß/nasse Macht des Jenseits, d.h. die Tränen der Gotteserinnerung, über alle anderen Gaben Göttlicher Gnade stellend. Es rührt aus dieser göttlich begnadeten Herzensweichheit des Propheten selbst, daß der Islam in seiner letzten Schlußfolgerung als die „Weisheit der Tränen"[122] bezeichnet werden kann, welche sich als Offenbarung weit über das kalt/trockene Gelächter des Hindu-

oder Buddhatums und den heiß/trockenen und d. h. feurigen Eifer mosaischen Judentums erhebt[123]. Betrachten wir die göttlich geweinten Tränen des Propheten und, in ihm eingeschlossen, die seiner Nachfolger als eben die „süßen Ströme des Paradieses", welche Zeugnis geben vom unsichtbaren Reich (Gottes), so erkennen wir das wudu' (die rituelle Waschung) leichter als eine sinnbildliche Erinnerung an die vergessene Herkunft des Menschen im Paradiese, oder, wenn wir es mit einem anderen Bilde ausdrücken wollen: als die Erinnerung des Eintauchens der Seele in die zwei Quellen des Paradieses: in die Quellen der Erkenntnis (ma'rifa) und der Liebe (mahabba).

Über den Atem als Umwandlungsverfahren

Alles ist im Göttlichen Atem enthalten
Ibn al-'Arabi

Die rituelle Waschung als eine heilige und heiligende Pflicht führt zurück zum Göttlichen Einssein, zumindestens aber zur paradiesischen Einheit. Sie bewirkt, daß sich die in den vielfältigen Handlungen der Unvollkommenheit tätigen Glieder und Sinnesorgane des Menschen während der Waschung zum Spiegelbild des vollkommenen Menschen vereinen. Ebenso tragen auch die verschiedenen Atemverfahren der Sufis in sich nur einen eigentlichen und einzigen Sinn: die Erlösung des Menschseins im Göttlichen Atem.

„Alles ist im Göttlichen Atem enthalten", heißt es bei Ibn al-'Arabi, und: „derjenige, der den Göttlichen Atem (*an-nafas*) zu kennen verlangt", möge sich „über die Welt besinnen"[124]. Denn „derjenige, der", wie es in einem Wort des Propheten heißt, „sein Selbst (*nafsahu*) erkennt,

erkennt seinen Herrn", welcher sich in diesem (Selbst) offenbart.

Ibn al-'Arabi deutet den Göttlichen Atem, *an-nafas ar-rachmaniyya*, sinnvoller übertragen: den Atem des Mitleidvollen oder des Barmherzigen[125], als die Ursache des Daseins aller mannigfaltigen äußeren Form. Im Sinne Ibn al-'Arabis, welcher den Atem des Mitleidvollen wesensgleich mit der offenbaren Natur fand und die Erschaffung der äußeren phänomenalen Wirklichkeit durch die Ausatmung des Verborgenen (batin) im Göttlichen Befehle „*kun !*" („sei !") vollzogen sah, bedeutet dieses, daß die äußeren, manifesten Wesen, wie Pflanzen, Tiere und Menschen, in einem jeden ihrer Atemzüge diesen uranfänglichen gegebenen Göttlichen Befehl für die Zeit der ihnen gegebenen Geschöpflichkeit wiederholen. Erlischt der ihnen von Gott gegebene Befehl, so sterben sie in der äußeren Welt. Hierin liegt eine der göttlichen Weisheiten verborgen, die in die Lehren der Sufis eingegangen ist.

Während das wudu', die rituelle Waschung, sinnbildlich den Lehm- oder Erdenkörper Adams, und das heißt den adamischen Sufi-auf-dem-Wege, mit dem Wasser des uranfänglichen Paradieses vor den übrigen, verderblichen Lebenseinflüssen versiegelt, und d. h. den Übergang des körperlichen, stofflichen und förmlichen Daseins des Reisenden in seinen rein geistigen Urstoff, aus dem er erschaffen wurde, ermöglicht, führt die rituelle, heiligende Atmung den Reisenden-auf-dem-mystischen-Pfade noch über sein uranfängliches, von den stofflichen Schlacken gereinigtes Dasein hinaus in ein engelhaftes Dasein. Das wurde möglich, weil durch die Waschung mit dem durch die heiligen Formeln geheiligten Wasser die feurigen Dschinnen[126], die Begierden, Leidenschaften und Täuschungen der Seele, gelöscht sind und nunmehr die den Göttlichen Thron tragenden Engel, als Sinnbild des

Geistes (ar-ruh) und der Schöpfungsbewegungen, selbst dem Reisenden begegnen. Denn Allah-ta'ala, der gepriesene Gott, erschuf die Engel aus Seinem Atem, und d. h. aus geheiligter Luft.

Dieses Verständnis der Engel als Luftwesen[127] liegt allen Atemverfahren der Sufi zugrunde. „Ein jeder Atemzug dient der Erinnerung Gottes", heißt es im Verständnis des Sufi, und ein jeder Atemzug, welcher nicht in der Erinnerung Gottes vollzogen wird, ist ein toter Atemzug, welcher am Tage der Aufrechnung nicht zählt. Denn während die rituelle Waschung *zur* Erinnerung Gottes vollzogen wird, gilt das Atmen als Handlungen Gottes. Gott bringt sich in Erinnerung, Er erinnert an sich selbst, die Atmung zeigt Gott als Akteur. Wen Gott nicht atmet, der stirbt.

Wenn wir hier die verschiedenartigen sufischen Atemverfahren unter dem Gesichtspunkt einer offenbarungsgemäßen und wirklichkeitshaften Metapsychologie betrachten, so müssen wir eine Tatsache insbesondere betonen: nämlich die, daß die sufischen Verfahren der Atemreinigung, Atembeherrschung und Atemerweiterung und vor allem die sufischen Verfahren der Vergöttlichung des Atems auf der Lehre Göttlichen Einsseins beruhen. Eine wie auch immer geartete Zweifaltigkeit (Dualität) von Körper und Sinnen, wie sie in den sogenannten body-mind-Verfahren humanistischer und gegebenenfalls transpersonaler Psychotherapie (wie z. B. Alexander-Technik, Bioenergetik, Rolfing, Sensitivity-Awareness usw.) hervorgefunden wird, ist von vorneherein, gedanklich wie verfahrensmäßig, ausgeschlossen. „Ein jeder Atemzug dient der Erinnerung Gottes", und dieses ist sein eigentliches und einziges Ziel. Was gerade bezüglich der verschiedensten Atemverfahren der Sufi bedeutet, daß die Ingangsetzung von Leidenschaften, Ichtäuschungen und Gottesleugnungen, also Nichterinnerung, wie sie als

Wut-, Haß- und Vergeltungsleidenschaften usw. bei der Anwendung der verschiedenen oben genannten humanistischen und transpersonalen psychologischen Verfahren zum Vorschein gelangen, verfahrensmäßig ausgeschlossen und als ‚Götzenverehrung' bzw. ‚Beigesellung' (schirk) abgelehnt werden. Denn eine wie immer geartete Unterscheidung von innen und außen, von sich und den anderen, welche der alleinige Grund für eine solche Ingangsetzung projizierender Leidenschaften ist, beruht auf der Leugnung der Göttlichen Einheit: Denn ein jeder, der klagt, ist sein eigener „Gott".

Der Islam, einschließlich seiner Verwirklichungsstufen in iman und ihsan, verlangt Hingabe auch und vor allem im Atem. Und atemgemäße Hingabe bedeutet, sich dessen gewahr zu sein, daß es Gott selbst ist, welcher seinen Odem mit jedem Atemzug in seinen Knecht hineinatmet und sich gleichermaßen mit jedem Atemzug, den sein Knecht ausatmet, wieder von diesem entfernt. Oder anders ausgedrückt, daß Gott die mikrokosmische Welt des Menschen mit einem jeden seiner Atemzüge erschafft und wieder auslöscht.[128]

Von den verschiedenartigen Atemverfahren der Sufis möchten wir an dieser Stelle vor allem die ‚Vergöttlichung des Atems' durch die Anrufung der neunundneunzig Schönen Namen Gottes, wie „Der Lebendige", „Der Wahre", „Der Sich-in-Liebe-Nähernde", „Der Milde", „Der Sublime" und aller anderen der Gottes-Eigenschaften erwähnen. Wobei auch der reine Atemton, das hingehauchte „ha", und auch der Laut der Gottesmacht *Hu*, mit der Bedeutung „Er ist", zu diesen Namen, die das Göttliche im Menschen aufwecken, zählen. Der Grund dafür ist, daß sich der Mensch ‚vergöttlichen' will. Die Absicht des Novizen ist, die Komponenten der Schöpfung, „Das Erste" und „Das Letzte", uneingeschränkt kennenzulernen. Der Wille geht dahin, sich dem wieder erlebbaren Fluß seiner eigenen Schöpfungsattribute, dem „Starken", „Schönen", „Mitleidvollen", ohne Vorbehalt und Grenzen zu übergeben. Insbesondere die Anrufung des Höchsten Namens (Allah)[129], die, wie die Anrufung der neunundneunzig Göttlichen Eigenschaften[130] zur Erinnerung Gottes vollzogen wird, verbindet über die heiligen Rhythmen[131] der Anrufung, in die der Sufi-auf-dem-Wege nach und nach von seinem Scheich eingeweiht wird, den Göttlichen Namen mit dem menschlichen Atem, und zwar so lange, bis der menschliche Atem selbst ein Ausdruck der heiligen Rhythmen und Göttlichen Eigenschaften geworden ist und damit durch die Anwesenheit Gottes ‚vergöttlicht' und geheiligt ist, was in der Tradition des Hinduismus (siehe den heiligen Laut „Om") oder auch des Judentums (wie in der Anrufung „Elohims" oder „Ehies") seine Parallelen hat.

Tatsächlich entspricht die Anrufung Gottes durch die letzte Silbe des Erhabenen Namens ‚Allah', dem ‚h', der reinsten Form menschlichen Atems, und zwar seiner Ausatmung wie Einatmung gemäß, so daß gesagt werden kann, daß in der Litanei des ‚h'[132] der Atem des Sufi selbst den Platz des Höchsten oder Erhabenen Namens einnimmt.

Eine besondere Betonung bezüglich der Atmung legen die Sufis seit jeher auf die Bewußtheit des Atems, und innerhalb des Vorganges der Atmung insbesondere auf das Bewußtsein des Umschwunges von der Einatmung zur Ausatmung und auf den ‚angehaltenen Atem'.

Hosch dar dam, persisch[133]: bewußtes Atmen, wurde vor allem von den östlichen Sufi als das grundlegende Verfahren der Selbstentwicklung angesehen. So sagte *Baha-ud-din Naqschband*, der Begründer des Ordens der ‚Schweigenden Derwische'[134], der *Naqschibandiyye*, daß die Grundlage des geistigen Pfades auf der Atmung aufgebaut sei, und je mehr sich der Reisende-auf-dem-Wege seines Atems bewußt sei, desto stärker sei sein inneres Leben.[135]

Bei all dem sollten wir nicht vergessen, daß im Verständnis der Sufi die Öffnung des Atems für das Göttliche allein von der Reinheit des Herzens abhängt. Die Reinheit des Herzens aber erfolgt als ‚Vollendung' auf dem sufischen Weg.

Über die Erweckung der feinstofflichen Zentren und ihrer feinen Eigenschaften

Über die Stufen der Vollendung oder die Stufen des Verwirklichungspfades ist bereits in den Kapiteln „Die metapsychologischen Ausmaße der sufischen Lehre" und „Über die Befreiung der Vernunft durch göttliche Paradoxie" gesprochen worden – einerseits im ersteren Kapitel in Bezug auf die sieben prophetischen Himmel, durch welche die mystische Reise den salik (Reisenden) führt, andererseits in Bezug auf die Stufen des Erwachens aus den Welten des Ichs.

Die Sufis unterscheiden auf ihrem geistigen Pfad eine Vielzahl verschiedenster Stufenarten, je nachdem, unter welchem metapsychologischen Gesichtswinkel sie ihn betrachten. Eine ihrer Betrachtungsweisen, nämlich die der Verwirklichung des Glaubens (islam, iman, ihsan), haben wir bereits an anderer Stelle vorgestellt. Andere Unterteilungen sufischer metapsychologischer Entwicklung – und d.h. wahrer menschlicher Entwicklung, welche über die gewohnte Individualität als auch das menschliche Gemeinschaftsdasein hinausreicht – beziehen sich beispielsweise auf die Licht- und Farberscheinungen, auf ‚Offenbarungen' (*tedschelli*)[136], wie sie einem Sufi zuteil werden. Wieder andere auf die geistigen Kräfte, über die ein Sufi im Laufe seiner Verwandlung verfügt; und wieder andere auf die geistigen Tugenden und allseelischen Empfindungen, wenn dieser sich als Teil eines größeren Ganzen erfährt.

Eine der hauptsächlichen Stufen-Lehren der Sufis bezieht sich auf die als feinstoffliche Wirklichkeitszentren oder feinstoffliche „Erleuchtungszentren"[137] verborgenen Wahnehmungs- und Bewußtseinsorgane, von den Sufis *lataif* genannt. Lataif, in der Einzahl *latif*, stammt von einem der Schönen Namen Gottes: *al-Latif,* „Der-alles-Durchdringende", „Der Unendlich-Bewußte", „Der Feinstoffliche", „Der Feine", „Der alles-Durchscheinende". Al-Latif gilt als einer der Namen der – so Ibn al-'Arabi – verborgenen Allgegenwart Gottes. Der ägyptische Sufi Dr. Salah Eid nannte al-Latif den sikr der Seele, da gerade sie, die Seele, in ihrem ursprünglichen, reinen Urstoff die alles durchdringende Feinstofflichkeit besitzt, welche alles Dasein erleuchtet und belebt.

Doch auch die Seele ist ein Schleier, wenn auch ein Schleier aus Licht. Denn: „Gott verbirgt sich selbst unter siebzigtausend Schleiern aus Dunkelheit und Licht; und würde er sie heben, so würde die Strahlkraft seines Antlitzes einen jeden verzehren, wer immer es betrachten wollte."[138]

Die fünf (sechs) oder sieben (neun) feinstofflichen Zentren, lataif, sind auch als die fünf teils wachen, teils schlafenden ‚Prinzen' oder ‚sieben Prinzessinnen' bekannt, als ‚Orte der Reinheit'[139], als ‚Herz', ‚Geist', ‚Geheim', ‚Wunderbar' und ‚Tief verborgen'. Die Sufis stimmen darin überein, daß erst die Erweckung aller fünf (sechs) oder sieben (neun) feinstofflichen Zentren, welche im übrigen eine teilweise Verwandtschaft mit den buddhistischen Chakren aufweisen – so vor allem das Kehlkopf-Latif, das sogenannte ‚dritte Auge', das Herz-Latif, das zentrale Gehirn-Latif und das Zentrum unterhalb des Nabels, das *bachr-un-nar* („Meer des Feuers") genannt wird -, die Vollkommenheit des ‚metaphysischen Menschen' erwirken, welchen sie wiederum als die im gewöhnlichen Menschsein verborgene Endstufe des ‚göttlichen Menschen' betrachten. Erst infolge von Erleuchtungen durch einen *Scheich* oder *Pir*[140] werden dem *Muriden* (Schüler) des Pfades die einzelnen Zentren offenbar. Die Übungen zur Erweckung der jeweiligen Lataif, der feinstofflichen Zentren, werden, wie ich an anderer Stelle ausgeführt habe[141], hauptsächlich von den *Mevlevi*- und Naqschibandi-Derwischen, den ‚Drehenden' und ‚Schweigenden Derwischen' intensiv betrieben. Ihr Name bezieht sich auf die Form ihrer spezifischen Art der Gotterinnerung – drehend/tanzend die einen, die anderen schweigend und sitzend. Die Naqschibandi unterscheiden dabei fünf bzw. sechs Zentren, die Mevlevi sieben bzw. neun, welche in einer Kreuzanordnung im wesentlichen über der Brust verteilt liegen. Etwa vier Finger breit unter dem Herzen liegt das Herzzentrum (*qalb*), gegenüber vom Herzen auf der rechten Brustseite das Geistzentrum (*ruh*), in der Mitte der Brust, zwischen qalb und ruh (‚Geist'), das Seelen- oder Ich-Zentrum (*nafs*).

Unterhalb und oberhalb von diesen Zentren befinden sich als Unter-dem Nabel-Zentrum das ‚Meer des Feuers' (bachr-un-nar), das Kehlkopfzentrum, das sogenannte ‚dritte Auge' (*nafs-i-natiqa*), und das dem tausendblättrigen Lotus[142] entsprechende *nafs-i-kulli* in der Mitte des Gehirnes.

Die Sufis gehen davon aus, daß den einzelnen Lataif besondere Farben und geistige Ausmaße zugeordnet sind. Diese Farberscheinungen mit ihren geistigen Zuordnungen sind jedoch von Orden zu Orden, gemäß der von diesen für die jeweilige geistige Stufe des Muriden (Schülers) zugeordneten mantrischen Übungen (*wasifa*) und Erhabenen Namen, verschieden. Eine Übung der Naqschibandi betrachtet das Herz in Verbindung zur Farbe Gelb[143], den Geist zur Farbe Rot, die Seele zur Farbe Weiß, das Verborgene zur Farbe Schwarz und das Höchstverborgene zur Farbe Grün. In Verbindung zu den Farb- und Lichterscheinungen der jeweiligen Lataif stehen wiederum die vier Elemente: Erde, Wasser, Feuer, Luft; wobei in dem von uns angeführten Falle der Aufenthalt des Windes in der Seele ist, der des Wassers im Geheimnis, der des Feuers im Verborgenen und der der Erde im Höchstverborgenen. Das Selbst als fünftes Element, so sagen die Naqschibandi *Sirdal Ikbal 'Ali Shah* zufolge[144], befinde sich im sinngebenden Intellekt, welcher seinen Sitz im Herzen habe.

Was die Führung zu den einzelnen Lataif durch die Propheten betrifft, so steht der Sinn (oder Intellekt)[145] unter der Führung Adams, die Seele unter der Führung Noahs und Abrahams, das Geheimnis unter der Führung von Moses, das Verborgene unter der Führung von Jesus und das Höchstverborgene unter der Führung Mohammeds.

Wenn in diesem Zusammenhang von qalb (Herz) gesprochen wird, so ist damit nicht das fleischliche Organ gemeint, sondern ‚Herz' (qalb) ist nach Burckhardt die Fähigkeit der übersinnlichen und übergedanklichen Einheit, die ebenso dem Herzen entspricht wie das Denken dem Gehirn.[146]

Ar-ruh, der Geist, auf der rechten Brustseite gegenüber dem Herzen gelegen, wird sufischerseits als Jesus-Latif' bezeichnet[147]. Ar-ruh umfaßt den erschaffenen wie gleichermaßen den unerschaffenen und erschaffenden (heiligen) Geist, d.h. sowohl den einzelwesenhaften, individuellen Geist als auch den göttlichen Allgeist, welche beide aus dem koranischen Vers abgeleitet werden können: „Siehe, sie werden dich über den Geist befragen. Sage ihnen: Der Geist kommt vom Befehl (*amr*) meines Herrn."[148]

Bekannt ist, daß ein Sufi, vor allem ein sufischer Scheich, in die Herzen seiner Schüler zu schauen vermag, was von Gelehrten der äußeren Wissenschaften auch ‚Kardiognosie' genannt wird. Dieses In-das-Herz-Schauen gilt zugleich auch als Übermittlung der geistigen Kraft und der inneren Lehre. Es hat seinen Ursprung darin, daß nach sufischem Verständnis alle feinstofflichen Wirklichkeitszentren nichts anderes als Verfeinerungsstufen des Herzens sind und insofern nur durch das Herz eröffnet zu werden vermögen. Dieses findet seinen Ausdruck in der sufischen Auffassung von der jungfräulichen Geburt des göttlichen Geistes Jesus (*'Issa*) aus der Jungfrau und reinen Maria (*Maryam*), welches versinnbildlicht die Erweckung oder Geburt des Latifs ‚ruh' (Geist Gottes = Jesus) aus dem gleichzeitig empfangenden und gebärenden Herzen (Maryam) beschreibt.

Abu'l Hussein al-Nuri (gestorben 907) unterscheidet vier ‚Herzen' des Herzens: *sadr* (‚Brust'), welches mit dem Islam verbunden ist, qalb (‚Herz'), welches der Sitz des Glaubens ist, *fu'ad* (‚Herz'), welches zur ma'rifa („Erkenntnis") gehört, und schließlich *lubb*, (‚innerstes Herz'), welches der Sitz des *tauhied* (der Göttlichen Einheit) ist[149]. Die Sufis fügen häufig noch ein fünftes ‚Herz' hinzu: den ‚innersten Herzenskern' oder ‚das Geheimnis des Lebens', das auf dem Grunde des Herzens vibrierende *sirr*.[150]

Über die Heilkraft des Segens

Der Göttliche Name ‚ya Latif‘, „der alles-Durchdringende-Feinstofflich-Feine", welcher, wie wir oben gesehen haben, als eine der seelischen Ur-Eigenschaften, wenn nicht gar als die Wesenhaftigkeit der Seele selbst angesehen wird, wird in verschiedenen sufischen Orden zu Heilzwecken angerufen. Ein Kreis von Brüdern und Schwestern sammelt sich in der geistigen Schau eines seelisch oder körperlich Erkrankten und verschenkt die Kräfte der göttlichen Anrufung an diesen.

Diese Art heilkräftiger Ansammlung und Übermittlung beruht auf den „Segenskräften des Himmels", der *barakah*[151], welche durch die Anrufung der Erhabenen Göttlichen Namen aus den vier Flüssen des Paradieses[152] hervor- und in die Herzen der Anrufenden einfließen. Barakah, häufig als ‚Segen‘, ‚Segenskraft‘, ‚Gnade‘, ‚Heiligkeit‘ oder die ‚Kräfte der inneren Wahrheit‘ bezeichnet, stammt aus einer sprachlichen Wurzel, die das „Entrücktsein", das „Beglückwünschen", „Innenwohnen", „die Fülle" und das „Glücklichsein"[153] einschließt.

Fritjof Schuon nennt die barakah eine Art „Höflichkeit gegenüber dem Himmel", „die kosmischen Beziehungen der Dinge und ihre (kosmischen) Düfte"[154]. Der barakah entsprechend zu handeln bedeutet, im Einklang mit einer Art „göttlichem Schönheitsgesetz" zu handeln[155], in der gewissenhaften „Erinnerung an das Paradies", welches ein jegliches Ding bewahrt. Das Sufitum kann im Hinblick auf seine Lehre von der barakah geradezu als die „Wissenschaft der Segenskräfte" (Schuon, ebenda) betrachtet werden: als Beantwortung der Fragen, woher sie stammen, wie sie bewahrt werden können und welcherlei Wirkungen sie fördern und hinterlassen.

Die barakah, welche die Sufis zu empfangen und zu vermitteln befähigt sind, wird auch als *al-barakat al-muhammadiyah*[156], als „mohammedanische Gnade" bezeichnet, da sie im Verständnis des Sufi tatsächlich diejenigen Kräfte der inneren Wahrheit (haqiqah) bewahrt, wie sie von Mohammed durch Gabriel (*Dschibriel*) im Auftrage Gottes empfangen und an seine engsten Gefährten weitervermittelt wurden.

Diese Weitervermittlung göttlicher Segensmacht wird versinnbildlicht durch die Mantelauflegung (vom Scheich auf den Muriden), durch die Überreichung eines Rosenkranzes, *tesbih*, eines besonderen Handschlages, der Darreichung eines Stückchens Zitrone oder eines besprochenen Glases Wassers oder gar der Einspeichelung der barakah durch die Zunge des Scheichs in den Mund des Muriden oder, bei Neugeborenen, durch die Einsprechung der zwei Teile des Glaubensbekenntnisses (schahada) in das rechte und linke Ohr des sieben oder vierzig Tage alten Säuglings. Diese Weitervermittlung wird als ‚Kette' (*silsilah*) bezeichnet. ‚Kette' oder silsilah besagt, daß die aus der prophetischen Offenbarung fließende Kraft sich bis heute bewahrt und bewahrheitet hat. Denn (so Hossein Nasr) „das Übernatürliche besitzt einen ‚natürlichen Anblick', weil seine Spur im tatsächlichen Dasein der Dinge gefunden werden kann; und das Natürliche besitzt einen übernatürlichen Anblick, weil die ‚Zeichen' des Übernatürlichen in der geschaffenen Ordnung aufgefunden werden können und weil die gnadenerwirkende Kraft oder barakah durch die ‚Arterien' des Weltalls fließt"[157].

Unter den ‚Arterien des Weltalls' haben wir, wenn wir uns hier für die sufische Metapsychologie entscheiden, die Arterien des mikrokosmischen inneren Weltalles des metaphysisch gewordenen Menschen zu verstehen. Sie

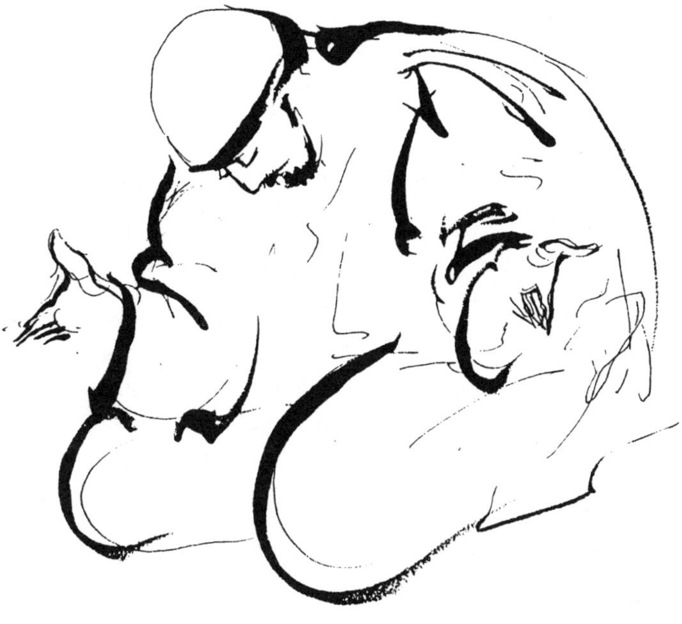

entsprechen wiederum den inneren Verbindungen der feinstofflichen Zentren. Was bedeutet, daß der Sufi-auf-dem-Wege erst in der Verbindung und Vereinigung zumindest zweier der feinstofflichen Zentren die barakah, welche er von seinem Scheich oder einem anderen geistigen Ahnen der ‚Kette' empfängt, aktiv anwenden kann. Bis dahin ist er zwar fähig, wenn er sich innerlich dazu bereithält, die barakah eines ‚Gottesnahen' (*wali*) – sei es eines lebenden oder eines toten – in seinem Herzen zu empfangen und einen Vorgeschmack (*sook*) des paradiesischen Jenseits zu erhaschen, doch die Verfügung über die empfangene Segensmacht, erlangt durch die Gnade eigener Gottesnähe, ist ihm bis zur fließenden Vereinigung der ersten zwei aktiven feinstofflichen Zentren verwehrt.[158]

Wenn wir an dieser Stelle die barakah des lebenden wie des toten wali (Gottesfreund, Bezeichnung des vollendeten Sufi) betonen, so hat das seinen Grund darin, daß die barakah nicht nur von einem Menschen auf einen anderen, wie beispielhaft vom Scheich auf seinen Muriden (Schüler) übertragen werden kann, sondern daß die barakah in der Tat in den „im Namen Gottes" geweihten Gegenständen und heiligen Mahnmalen, einem ewigen Magneten der Segenskraft gleich, bewahrt und geistig vererbt oder übertragen werden kann[159], was eine Art „Lagerfähigkeit" dieser qualitativen schöpferischen Energie vorausetzt. Erst wenn wir das Vorhandensein der barakah in einem sufischen Meister im weitesten Sinne verstehen, nämlich als eine Öffnung der zwei Quellen des Paradieses, der Gnosis und Liebe, können wir die Unerschöpflichkeit und Stetigkeit dieser göttlichen Verwandlungskraft tatsächlich begreifen.

Über den Sikr

Reinheit ist der halbe Glaube. Al-hamdu-lillah ("Dank sei Allah") füllt die Waagschalen. Und subhana-llah ("Preis sei Allah") und al-hamdu lillah füllen Himmel und Erde. Gebet ist Licht, Güte ist ein Beweis, Geduld ist Erleuchtung; und der Koran ist ein Beweismittel für oder gegen dich. Ein jedermann beginnt seinen Tag als ein Verkäufer seiner eigenen Seele; indem er sie entweder befreit oder zerstört.
Prophetisches Hadith

Der sikr, wörtlich die „Anrufung", „Erwähnung" Gottes, die rituelle Erinnerung an Gott durch Wiederholung der Erhabenen Namen Gottes, kann gleichermaßen als Hauptübung als auch Hauptlehre sufischer Metapsychologie bezeichnet werden. Die Sufis selbst bezeichnen den sikr als eine der drei wesentlichen Bedingungen der geistigen Reise, deren zwei andere im *fikr* (der andächtigen Besinnung) und im *himma* (dem geistigen Streben) bestehen.[160]

Der sufische sikr, welcher übrigens eine Verwandtschaft mit der platonischen Erinnerung aufweist[161], hat – wie die übrigen Verfahren der Sufis – seine geistige Grundlage in der Offenbarung Mohammeds. Die Göttliche Offenbarung wurde Mohammed zuteil, als er die neunundneunzig Göttlichen Eigenschaften sowie den Namen Allah in der Höhle Hira anrief. Sein Prophetenamt ist also eng mit dieser Anrufung, dem sikr, verbunden, weshalb Mohammed auch den Beinamen *sikru'Llah*[162], „Erinnerung Gottes", erhielt.

Im sikr erinnert (*dha-ka-ra*) sich der *sakir* (der „Anrufende") des *madhkur* (des „Angerufenen"), was die Sufis dahingehend deuten[163], daß es letzten Endes Gott selbst ist, welcher anruft, wie auch Gott selbst, der angerufen ist, und auch, daß die Anrufung selbst nicht trennbar von

Gott ist. Denn (so bei Johannes:) „Am Anfang war das Wort ... und Gott war das Wort ...". Das Göttliche ruft quasi nach sich selbst. „Daß diese Göttliche Tat durch den Menschen hindurchgeht", so William Stoddart, „ist das Geheimnis der Erlösung."

„Erinnert euch Meiner, so werde Ich (Gott) Mich eurer erinnern", heißt es im Koran (2, 151), oder „Gedenket Meiner, so werde Ich eurer gedenken", oder auch: „Nennet Mich, so werde Ich euch nennen."

Tatsächlich ist der sikr dem Koran gemäß bedeutender als das rituelle Gebet, da dieser in freiwilliger Liebe zu Gott, jenes aber auf der Grundlage religiöser Verpflichtung beruht. Im allgemeinen werden drei Stufen des sikr unterschieden: der sikr der Zunge oder laute sikr (*sikr jechri*), welcher als der gemeine sikr gilt[164], der sikr des Herzens (*sikr qalbi*), welcher der Elite der mystischen Reisenden zugeschrieben wird, und der sikr des Geheimnisses (*sikr chafi*), welcher der „Elite der geistigen Elite"[165] gebührt. Im sikr jechri wird vorrangig das ‚Kehlkopflatif' oder ‚Stimmlatif' erweckt[166], während im sikr qalbi das Herz „in der Gegenwart der Herrlichkeit Gottes zum Schauplatz der Besinnung wird"[167] und im sikr chafi, welcher das „rechtseitige Herz ergreift, die Zunge erstummt und das Herz stille wird"[168].

Der Übergang vom sikr jechri zum sikr qalbi ist nach Aussagen der Sufi[169] durch heftige Bewegtheit des Körpers, wie rhythmisches Wiegen, plötzliche Ausrufungen und unvermitteltes Auf-die-Füße-Springen gekennzeichnet. Der Übergang von der zweiten Stufe, dem sikr qalbi, zur dritten Stufe der mantrischen Anrufung, dem sikr chafi, ist durch Erstarren der Glieder und Erstummen der Stimme gekennzeichnet, während der sikr sich zugleich durch sich selbst in sich auflöst und zunichte wird[170] und sich nunmehr allein auf den Atem des Erinnernden, und d.h. auf die lebensspendende Einheit Gottes, gründet. Was besagt, daß Erinnerung und Anrufung Gottes durch den vergöttlichten Atem des Anrufenden die höchste Stufe der Anrufung darstellen. Das ‚h' des Gottes-Namens Allah entspricht dem reinen Atem und steht symbolhaft für den höchsten Namen des angerufenen Selbst.

Die drei Stufen der Erinnerung an Gott können auch auf eine andere Weise dargestellt werden: im sikr jechri, dem lauten oder äußeren sikr, wird Gott als ein „er" (*Huwa*) angerufen, im sikr qalbi dagegen als ein „du" (*anta*) und erst im sikr chafi, dem verborgenen sikr, als das eigene göttliche Ich oder Selbst[171]. Was anders ausgedrückt zu bedeuten hat, daß der Sufi-auf-dem-Wege mit dem ‚sikr der Abwesenheit Gottes' beginnt[172]; und erst in der Folge seiner Annäherung an die ewigen Kräfte des göttlichen Seins gelangt er zum ‚sikr der Anwesenheit Gottes' und, so Gott es gewährt, zum ‚sikr der Einheit mit Gott' (tauhied).

Im allgemeinen wird eine jegliche Form des sikr von einer Reihe von energieanreichernden Atemverfahren und Körper- und Kopfneigungen sowie rituell festgelegten Gliederhaltungen und -bewegungen begleitet, welche insgesamt, vor allem durch periodisch abwechselnde Rhythmen, einem Tanze ähneln. Aus diesem Grunde ist der sikr auch als der ‚heilige Tanz' bekannt. Die äußere Form des sikr hat als sogenannter ‚Sufi-Tanz' in einer Reihe von therapeutischen und schein-esoterischen Verfahren wie beispielsweise den Bewegungsmeditationen Rajneesh Baghwans Eingang gefunden, ohne jedoch seiner eigentlichen Bestimmung als Anrufung Gottes weiterhin zu entsprechen. Tatsächlich zeichnet sich der sufische sikr gerade dadurch aus, daß diese Wiederholungstechnik[173] im geistigen Kraftbereich vor allem der semitischen Propheten, wie Abraham, Noah, Salomo, Mose,

Elias, Jesus und Mohammed, und der ununterbrochenen ‚Kette' der Heiligen und sufischen Ordensgründer und vor allem der Gefährten und Nachfolger des Propheten Mohammed stattfindet, da entsprechende Bittgebete an diese Propheten dem sikr im allgemeinen vorangestellt werden, verbunden mit der Hoffnung, daß ihre Seele in den Kreis der Anrufenden (*sakirun*) kommen, um ihnen seelische Kraft entsprechend ihren besonderen prophetischen Eigenschaften zu geben.

Wenn wir uns an dieser Stelle noch einmal auf die Bedingungen des ‚vollkommenen Menschen', wie er im Propheten Mohammed verurbildlicht ist, zurückbesinnen, so bedeutet der sikr tatsächlich nicht, sich Gottes allein als eines Wesens zu erinnern, das alles Sein übersteigt (zumal das Nachsinnen über das Göttliche Wesen nach dem Koran geradezu verboten ist), sondern sich zuerst einmal der himmlischen Segensmacht (barakah) der erwähnten Propheten und Gottesnahen (*auliya'*) zu erinnern, der gesandten und erleuchteten Stellvertreter Gottes, welche geradezu als die „verkörperten Erinnerungen" Gottes gelten, als die in der Erinnerung der Göttlichen Eigenschaften eingetauchten und vollends aufgenommenen Reisenden, da sufischem Verständnis gemäß die Propheten von Adam an als die ‚Durchsichtigen' und ‚Reinen' und ‚In-Wolle-Gekleideten' gelten, was heißt als vollendete Sufi.

Sich Gottes zu erinnern bedeutet für den Sufi also gleicherweise, sich der Stufen und feinstofflichen Welten der Propheten und auliya' zu erinnern, und insbesondere der himmlischen Stufen des Propheten Mohammed, eingeschlossen die Erinnerung an die uranfängliche adamische Natur (fitrat), die sieben „Sprossen" des Herzens, den Göttlichen Willen und das Göttliche Licht.

Wenn nun der Sufi-auf-dem-Wege danach strebt, mit der Natur des Propheten Mohammed durch die Erinnerung an denselben verschmolzen zu werden, indem er sich beispielsweise der Wiederholung des prophetischen Namens ‚*sikru 'Llah*' anheimgibt, um dessen Wesenhaftigkeit als „Erinnerer Gottes" in sich selbst zu verwirklichen, so hat er sich doch zuerst der Wesenhaftigkeit seines eigenen geistigen Führers, des Scheichs, zu erinnern und, sobald diese Erinnerung vollends geworden ist, und d.h. für den Sufi-auf-dem-Wege, sobald er selbst in der Erinnerung an seinen eigenen Scheich ‚ausgelöscht' ist, der Wesenhaftigkeit des Ordensoberhaupts, des Pirs.[174]

Was die Stufen der Erinnerung an Gott betrifft, welche der sufische salik zu durchleben hat, so sind sie im allgemeinen an die Göttlichen Eigenschaften oder Erhabenen Göttlichen Namen gebunden. Zu den rituell meisterinnerten der Erhabenen neunundneunzig Göttlichen Namen gehören an erster Stelle der Erhabene Name ‚Allah', welcher als der alles Sein umschließende Gattungsname des alleinigen Gottes gilt; *ya Hu* („oh Er-der-Er-ist"), der Name der eingebungsvollen Seele; *ya Haqq*, „oh du Wahrheit", „oh du Gesetz"; *ya Hayy*, „oh du Lebendiger", der als der Name der zufriedenen Seele gilt; *ya Qajjum*, „oh du der Aus-dir-selbst-Seiende", als Name der befriedeten Seele, und *ya Qahhar*, „oh du der Alles-Unterwerfende", als Name der vollendeten Seele. Doch auch *ya Latif* („oh du der Alles-Durchdringende-Feinstofflich-Feine") und ya Wadud („oh du der Sich-in-Liebe-Nähernde"); *ya Da'iem* („oh du Ewiger") und *ya Asies* („oh du Erhabener-Kostbarer-Seltener") werden häufig erinnert, wie auch *ya Rachman* („oh du Mitleidvoller") und *ya Rachiem* („oh du Allerbarmer").

Über Gebet und Wasifa als Verwandlungsverfahren

Kommen wir nun zur täglichen Übung des salik oder Muriden auf dem göttlichen Pfad. Er hat vor seinem Gebet sein inneres Feuer mittels des wudu', der Waschung, durch das Wasser gelöscht. Seine Gedanken des Bösen hat er ebenfalls mittels des wudu' aus seinem Antlitz gewaschen; seine Füße von allen Gängen auf schmutzigen oder verdorbenen Wegen gereinigt. Sein Herz ist auf Gott den Barmherzigen gerichtet. Aloe, Rosenattar, Moschus oder Amber duften von seinen Augenbrauen und gegebenenfalls aus seinem Bart. Er hat etwas Weihrauch entzündet und betritt, seinen rechten Fuß voranführend, seinen Gebetsteppich, seine Pforte ins Gebet. Auf seinem Gebetsteppich, vielleicht aus Seide gefertigt, die er betreten, jedoch nicht als Gewand tragen darf, ist die *michrab*, die Gebetsnische, eingezeichnet, so wie sie sich in jeder Moschee befindet, ein Sinnbild des Herzens, in das der Murid oder Salik nun einzutreten verlangt. Er legt seine Hände an seine Ohren und ruft aus tiefstem Herzen den Gebetsruf (*asan*): „Allahu akbar, allahu akbar ..." – „Gott ist größer, Gott ist größer ...", oder wie es auch übersetzt werden könnte: „Gott ist der Größte, Gott ist der Größte ..." Die Ausrichtung seines Herzens erfolgt: Die Göttliche Vertikalität ordnet ihn als eine Verbindung zwischen Himmel und Erde. Mit seinem Gesicht steht er in Richtung der heiligen Kaaba, zu Mekka, dem großen Heiligtum des Islam, das den geheiligten Stein Abrahams bewahrt. Diese Gebetsrichtung wird *qibla* genannt. Nun falten sich seine Hände über seinem Nabel, indem sie zusammen das Zeichen für arabisch Allah bilden, und er steht in der Haltung der Gewißheit und Beständigkeit. Er spricht die *fatihah*, die Eröffnungssure des Koran, auf daß sich seiner Seele das Paradies eröffne. Er spricht eine zweite Sure des Koran und verbeugt sich vor seinem unschaubaren Gott. Seine Hände sind auf seine Knie gelegt, wiederum indem sie das Wort ‚Allah' bilden. Es folgt das *ruku'*: Er steht in der Haltung der Verbeugung. Al-Ghasali, einer der großen Obrigkeiten und bedeutendsten Sufi aller Zeiten, sagte dazu: „Stehe fest in dieser Welt, doch neige dich in die nächste." Mit den Worten „Gott erhöret den, der ihn preist" richtet er sich langsam wieder auf. „Sein ist aller Preis", wird nun in der Aufgerichtetheit gesprochen. Dann kniet der Betende wieder nieder und ergibt sich der *sadschda*, der Unterwerfung, der Ergebung, dem Islam. Die Stirn des Betenden liegt nun dem Boden auf, und der Erhabene Gott wird ein weiteres Mal in seiner Erhabenheit gelobt. Nun folgt kurz das Sitzen, dann führt ihn das Gebet erneut in die Gottergebenheit zurück: „Allahu akbar", „Gott ist größer", und zurück in den „Stand der Beständigkeit", wie man das Stehen im Gebet bezeichnet. Dieser ganze Vorgang wird ein zweites Mal wiederholt, während dieser Wiederholung jedoch durch die Ausrufung von Segenswünschen für den Propheten und seine Nachfolger und die Ausrufung des Glaubensbekenntnisses in der Sitzhaltung, der festesten Haltung des Gebetes, unterbrochen. Danach wendet sich der Kopf des Betenden, zuerst auf die Brust fallend, dann seitwärts weisend, linksseitig und rechtsseitig mit dem Gruß *as-salamu aleikum wa rachmatullah*, der Friede sei mit dir und die Barmherzigkeit Gottes. Während des jeweiligen Fallens, Beugens, Wiederaufrichtens erfolgt die Ausrufung der Unbedingtheit Gottes: „Allahu akbar", „Gott ist größer", „Gott ist der Größte".

Dieses rituelle Gebet übt der Sufi in mehrfacher Wiederholung aus, verpflichteterweise fünf Mal am Tag. Der Freiwilligkeit weiterer, sehr empfohlener Gebete sind dabei keine Grenzen gesetzt. Je mehr er sich im Gebet ansammeln und seine Seele befreien kann, um so tiefer und ursprünglicher sein täglicher Weg. Das rituelle Gebet ist jedoch nur ein Teil seiner täglichen Verrichtung. Denn es heißt im Koran: „Die Erinnerung an Gott ist größer (als das rituelle Gebet)."

Indem der jeweilige Scheich, der geistige Führer, darin seinem eigenen Scheich, und insofern dem Propheten Mohammed folgt, hat er seinem Muriden ein oder mehrere tägliche wasifa, Litaneien/Übungen, aufgetragen, auf daß dieser sich stärke und entwickle auf seinem geistigen Pfad. In den meisten Orden der Sufi besteht diese Übung aus der jeweils einhundertfachen Wiederholung der Formeln:

bismillah ir-rachman ir-rachiem („im Namen Gottes, des Gnädigen, des Barmherzigen").

astarchfirullah al-'asiem huwa tauwab ur-rachiem („verzeih uns Gott, Du Allgewaltiger; Du bist der Vergebende, der Barmherzige").

la ilaha illah 'Llah („kein Gott außer Gott").

Allahumma salli 'ala Seyyidina Muhammed wa alihi wa sallem („O Gott, lenke unser Gebet zum Propheten Mohammed und seinen Nachfolger hin und zum Frieden").

Und *Allah* („Gott").

Über die geistige Schau

*I*n fünf himmlische Bewegungsteile ist das Gebet geteilt: Das Aufgerichtetsein, das als Gefühl die Gewißheit und die Festigkeit im Glauben mitteilt. Das Sichverbeugen in die andere Welt, wobei die Füße noch im Irdischen bleiben. Das Bekenntnis der

Göttlichen Einheit – und menschlichen Vollkommenheit, was angedeutet wird durch das Sichhinsetzen, die Niederwerfung vor Gott und die Begrüßung *aller* Wesen, sowohl nach rechts als auch nach links, zum Schluß. In dieser Reihenfolge wird das Gebet zur Befreiung der *Seele* des Menschen ausgeübt. Dagegen wird im sikr das *Herz* des Menschen befreit. Die Übung der ‚geistigen Schau' vereint jedoch beides.

Die Sufis unterscheiden im wesentlichen zwei Verfahren der geistigen Schau: *rabita* und *muraqaba*. Beide Verfahren gründen auf der Ansammlung geistiger Kraft und könnten diesbezüglich unterschiedslos als ‚geistige Vereinigung' oder ‚vereinigende Besinnung' bezeichnet werden, im Sinne positivistischer Psychologie[175] als Meditation, die man im Sufitum jedoch als ‚tiefe Überlegung' oder fikr[176] bezeichnet.

Mit beiden Verfahren strebt der Sufi nach Vereinigung mit dem Gegenstand seiner Besinnung, und d.h. mit dem Wesen des vollkommenen Menschen, was schlußendlich bedeutet, mit dem Wesen des Propheten Mohammed.

Während das Verfahren der muraqaba jedoch eine mehr geduldige oder schwebende Besinnung, eine mehr geistige Verbindung bezeichnet, in welcher sich die Seele des Besinnenden aus dem Körper befreit und von diesem entfernt, um einen Geschmack von den Kräften und inneren Welten eines lebenden oder toten Sufi-Meisters oder gar Propheten zu erlangen, verstehen die Sufi unter rabita, was wörtlich „Verzahnung", „unlösbare Verknüpfung" bedeutet, den Vorgang einer eher tätigen und kraftkonzentrierten seelischen Herbeirufung eines der oben genannten geheiligten Stellvertreter Gottes. *As-Sanusi* (gest. 1859), Begründer der *Sanusiyya*-Bruderschaft, beschreibt dieses Verfahren dahingehend, daß der Sichbesinnende, um die rabita zu erreichen, sich zuerst das

Bild des Scheichs vorzustellen hat, als befände sich dieses auf seiner rechten Schulter, um es alsdann von seiner rechten Schulter aus auf einer geraden Linie in sein eigenes Herz zu führen, mit dem alleinigen Zweck, daß der ins Herz gerufene Scheich, Pir oder Prophet von diesem Besitz zu ergreifen vermag.[177]

Beide Verfahren der geistigen Schau, sowohl die muraqaba als auch die rabita, beinhalten wiederum die Teilnahme am Gegenstand ihrer Besinnung und, sofern diese im Laufe der Ausübung dieser geistigen Verfahren gelingt, die zu Anfang teilweise und zu Ende vollständige Verwandlung in diesen. Denn der Sufi-auf-dem-Wege-zu-Gott verwandelt sich innerhalb seiner eigenen geistigen Grenzen in die Stufen seiner Besinnung: in den Scheich, den Pir, in die auliya'[178] und in die Propheten.

Was insgesamt angestrebt wird in der geistigen Schau, ist die Entschleierung des ‚Geheimnisses des Lebens'[179], was besagt, daß der Besinnende, sei es mehr geduldig, sei es mehr tätig, versucht, sich in die Wesenhaftigkeit seiner toten oder lebenden Vorbilder, und das heißt in das Geheimnis der Vergänglichkeit wie Entstehung des Lebens selbst, zu verlieren, indem er die vollendeten Seelen der genannten geistigen Vor- und Urbilder als die vollkommenen Spiegel der eigenen Seele in sich steigernder Verwandlung so lange erblickt, bis er über diese Stufe der menschlichen Vollkommenheit hinaus den alles Sein überstrahlenden Spiegel des Göttlichen Antlitzes selber erblickt und in diesem ‚erstirbt'.

Eine der Voraussetzungen der geistigen Schau, welche von einigen Sufis auch ‚Selbstüberprüfung'[180] genannt wird, ist, und das gilt im allgemeinen für eine jede geistige Übung der Sufis, die rituelle Waschung, wudu'. Eine zweite Voraussetzung ist die Herbeirufung der bedeutendsten Ahnen der geistigen ‚Kette'[181], indem derjenige, der in die geistige Schau einzutreten wünscht, je einmal die *surat al-fatihah* (die Eröffnungssure des Koran) und je dreimal die *surat al-ichlas* (die 113. Sura des Koran) für die jeweiligen Scheichs und Scheicha der Kette, für die Gefährten des Propheten Mohammed und diesen selbst[182] innerlich in der vorgestellten Gegenwart Gottes ausruft, um sich mit der Seele desjenigen, der so herbeigerufen worden ist, zu vereinen.

Über die sinnbildliche Führung durch einen Scheich

Auch die Psychologie und Metapsychologie der Sufis gründen sich auf sinnbildliche Umwandlungsverfahren. Dieser Sachverhalt ergibt sich daraus, daß der weiteste Teil der geistigen Reise des Sufi-auf-dem-Wege in der sogenannten ‚Welt der Vorstellungen' oder ‚Welt der Gleichnisse' oder auch ‚Welt der ähnlichen Formen' oder ‚Welt der Einbildung' ('alam al-mithal) stattfindet, welche sowohl den seelischen als auch den körperlichen Bereich des Daseins[183] als eine förmliche Welthaftigkeit umfaßt.

In einer ‚Welt der Sinnbilder', ‚Einbildungen' oder ‚Gleichnisse' jedoch besteht die Notwendigkeit der sinnbildlichen Führung durch einen geistigen Scheich. Die Sinnbilder, die der Murid erschaut, werden vom *murschid*, Scheich oder Pir, der ihn leitet, sinnweisend gedeutet.[184]

Die Deutung der im sikr (der rituellen Anrufung der Erhabenen oder Schönen Namen Gottes) oder in der geistigen Schau (muraqaba oder rabita) oder auch in der geistigen Zurückgezogenheit (*chuluat*) erschauten Träume und auch der im Wachen gesehenen Sinnbilder führt den

Sufi mehr und mehr an die Göttliche Wirklichkeit selbst heran. Denn tatsächlich können die im Herzen erschauten Sinnbilder des geistigen Pfades als Brücken erkannt werden, welche die Schluchten zwischen dem bestehenden Bewußtsein und dem tieferen oder weiteren, in jedem Falle gottesnäheren Bewußtsein des Herzens zu überwinden in der Lage sind; denn die Welt der Sinnbilder wird insgesamt als eine ‚Welt der Brücke', als eine (nur) menschliche Vorstellungswelt verstanden, welche über eine uranfängliche und ewige Göttliche Wirklichkeit (haqiqah) ausgebreitet ist.[185]

Insofern schreitet der gewöhnliche Mensch in der Vorstellung der Sufis auf sinnbildlichen Brücken einher, welche allein aus den Tiefen ihrer eigenen Gründe und Abgründe her als solche, und d. h. auch in ihrer Vergänglichkeit und menschlichen Erschaffenheit, zu erkennen sind.

Sirat, jene haarfeine Brücke über *dschahannam* (dem Feuer der Hölle), über welche koranischem Verständnis nach eine jede Seele am Jüngsten Tage zu schreiten hat[186], ist selbst das deutlichste und bedeutendste Sinnbild der Göttlichen Sinnbilder, welche sicheres Geleit über den Abgründen, den Gründen des Feuers der Hölle, gewähren. Wohingegen die satanischen Gedanken und Begründungen der nur menschlichen Vernunft, wenn sich diese anderen als den Göttlichen und offenbarten Sinnbildern anvertraut, trotz ihrem Versuch, durch Denken ruhig zu werden, jämmerlich in den eigenen höllischen Feuern ihrer negativen Leidenschaften verbrennen.

Hier berühren sich Psychologie und Metapsychologie der sufischen Lehre. Denn tatsächlich erfolgt der sichere und ‚gerade' Weg, den ein jeder Sufi sich als seine erste und einzige Pflicht auferlegt, über die Brücke ‚sirat' ausschließlich infolge Göttlich bedachter und bestimmter sinnbildlicher Handlungen, oder anders ausgedrückt, infolge der durch Offenbarung anempfohlenen, wenn nicht befohlenen sinnreichen Taten.

Dieses Göttlicherseits bestimmte sinnbildliche Handeln ist den Sufi als Sunna, der von dem Propheten und seinen Gefährten ausgeübte Brauch, bekannt, welcher, wie Schuon es ausdrückt[187], zur „allumfassenden Sachlichkeit des Islam gehört", dem „nüchternen Fragen nach dem einfachen Wesen der Dinge als einem weisen Ausgangspunkt zur höchsten Erkenntnis". Was bedeutet, daß der sinnbildliche Brauch bereits zu Lebzeiten des Sufi-auf-dem-Wege jene die menschliche Hölle überwindende Brücke ‚sirat' im Herzen des mystischen Reisenden ist. Auf dieser Brücke vermag er letztendlich, am Tage der Abrechnung seines eigenen Lebens, ins Paradies einzukehren, ohne erneut und für immer in den lodernden Flammen dschahannams, den vom Ich gegeißelten Welten, zu versinken.

Der Sufi glaubt daran und weiß davon, daß sich das Gesamtbewußtsein des mystischen Reisenden, und in diesem eingeschlossen die jeweiligen Bewußtheiten der verschiedenen feinstofflichen Organe, um einzelne Sinnbilder prophetischer Offenbarungen und sufischer Auslegungen wie um einen Magneten der Bewußtseinskraft herum anordnet. Diese magnetische Anordnung der Sinnbilder und Bilder der geistigen Schau und sufischen Lehre wirken wie Prüfsteine im wildbewegten „Meer der Seele"[188] des reisenden *fakir* („Armen"). So lange, bis dieses Meer still und klar im Herzen des Reisenden ruht und den Blick in die Bilder und Namen der Schöpfung selbst eröffnet und diese spiegelt. Und tatsächlich gelten auch die Geheiligten oder Schönen Namen Gottes selbst als die (lautlichen) Sinnbilder Gottes.[189]

Im Sinne der Sufis kann geradezu von einer Ordnungskraft oder Unterscheidungskraft der Sinnbilder gesprochen werden, was sich auch darin zeigt, daß der Koran, als das ‚unerschaffene Wort' und insofern als das ‚unerschaffene Sinnbild' Gottes, bezeichnenderweise *furqan* genannt wird, was wörtlich die „Unterscheidung" bedeutet. Tatsächlich ist auch der Scheich oder Pir, der den Reisenden-auf-dem-Pfade-zu-Gott sinnbildlich leitet, nichts anderes als wiederum ein Sinnbild des geistigen Pfades, entlang dessen er den Suchenden führt, und insofern ist er auch ein Sinnbild der Unterscheidung vom geraden zum nicht-geraden Weg.

In diesem Sinne sagte *Dschalal-ud-din Rumi*, der Dichter und Begründer des Ordens der *Mevleviyye* (der ‚Wirbelnden Derwische'): „Suche Zuflucht im Schatten eines Scheichs, auf daß du deinem Feind entkommen mögest, der dir in dir verborgen gegenübersteht."[190]

A. Reza Arasteh[191] erläutert die Aussage Rumis mit dem Hinweis darauf, daß allein die Sinnbildhaftigkeit des geistigen Führers und seiner inneren wie äußeren Taten dem Novizen des geistigen Pfades Gelegenheit gibt, sich geistig wie verhaltensgemäß zu verändern, indem er sich dem vorgelebten Sinnbild in der Person des Pirs oder Scheichs angleicht.

Dabei gilt die Regel, daß der Gottessucher (murid) umso weniger der metapsychologischen, d.h. sinnbildlichen Führung bedarf, je mehr er selbst die sinnbildlichen Grenzen seines Verständnisses durch gottesnahe und offenbarungsgemäße Sinnbilder transzendiert. Worin eingeschlossen und als Selbstverständnis vorausgesetzt ist, daß der sinnbildlich lehrende Scheich gleichermaßen, wie er sich selbst als ein Sinnbild des geistigen Pfades versteht, auch die Gedankenwellen des Novizen sinnbildlich einzuschätzen und zu verstehen vermag.[192]

In diesem Zusammenhang sei erwähnt, daß eine der Grundlagen der psychologischen Lehren des Sufitums in dem Grundsatz des So-tun-als-ob (*ka'anna*) liegt. Bezüglich der sinnbildlichen Führung eines Muriden durch einen Scheich besagt das, daß der Scheich nach Maßgabe der inneren Entwicklung des Muriden diesem ein jeweils höheres und umfassenderes Sinnbild des Pfades als Spiegel seiner Entwicklung vorhält und vorlebt, als es dessen tatsächlichem Entwicklungszustand entspricht. Das heißt anders ausgedrückt, daß der Scheich seinen Muriden sinnbildlich in ein jeweils zu großes Gewand kleidet, mit dem alleinigen Zwecke, ihn zur Überschreitung seines jeweiligen begrenzenden Gewandes und zur Aufnahme der ihm angebotenen erweiterten Sinnbildlichkeit anzuregen.

Vornehmlich auf diese Art und Weise nähert sich der Reisende-auf-dem-sufischen-Pfade selbst seiner eigenen „transzendenten Intelligenz"[193], welche im wesentlichen in einer fortschreitend „tiefgründigen Absicht" seines sinnbildlichen Daseins besteht[194]: er verwirklicht in den heiligen Sinnbildern des Pfades den Göttlichen Sinn und erlöst sich von seinem ‚Fall'. Und tatsächlich ist erst die Verwirklichung und nicht das Verstehen des Göttlichen Geheimnisses oder Göttlichen Sinnes das unendbare Ende sufischer Metapsychologie: Der Sufi-auf-dem-Wege ist zum Göttlichen Sinn, ist zum Sufi geworden: durchsichtig im Herzen, im wollenen, und d.h. im geistigen Gewand.

Besinnungen aus dem Islam – nach Hadithen des Propheten Mohammed

Hadith qudsi, „heilige Überlieferung", „heiliger Bericht", so heißen die besonderen, ausgewählten Aussprüche des Propheten Mohammed, dem „Liebling Gottes", in denen Gott, der Erhabene, wenn auch nicht im gleichen hohen Rang wie im Koran, als „Ich" oder „Wir" selbst spricht.

Der im Islam bekannte Überlieferer, *An-Nauawi*, hat knapp über vierzig dieser heiligen Berichte in einer berühmten Sammlung notiert. Diese Sammlung bildet für viele Sufi-auf-dem-Wege den Grundstock ihrer täglichen Besinnung, die die Sufis ‚fikr' nennen.

Es ist für den geistigen Schüler empfehlenswert, die vierzig heiligen ahadith im Turnus von vierzig Tagen als hohe Schule der Reflexion immer wieder zu besinnen, wobei er sich täglich auf einen Spruch konzentriert.

Die Übersetzung aus der arabischen Sprache ist schwierig, da das Arabische aus Sprachwurzeln mit vielfach facettierter Bedeutung besteht. Die hier ins Deutsche neu gefaßten Sprüche Mohammeds sind insofern ersatzweise anklingend lyrisch gehalten, um den Besinnungscharakter dabei zu betonen.

Die „heiligen Sprüche" An-Nauawis sind diese:

Besinnung Nr. 1

Wie die Absicht, so die Taten. Und jedem steht allein das zu, was er beabsichtigt hat. Wer also seine innere Auskehr um Allahs und Seines Gesandten willen unternahm, dessen Auskehr diente Allah und Seinem Gesandten. Und wer seine Auskehr um weltlichen Vorteils willen oder um eine Frau zu ehelichen unternahm, dessen Auskehr nützte aus dem nämlichen Grund dieser Auskehr allein.

Besinnung Nr. 2

Auf fünf Säulen wurde der Islam errichtet: dem Bezeugen, daß es keinen Gott gibt außer Allah und daß Mohammed sein Gesandter ist; dem Verrichten des Gebets; dem Entrichten der Almosensteuer; dem Pilgern zum Hause*; und dem Fasten im Fastenmonat.

Besinnung Nr. 3

Die Neuheit eines Neuerers ist, was unsere Angelegenheit betrifft, schlicht abzuweisen.

Besinnung Nr. 4

Religion ist nichts anderes als Aufrichtigkeit. Wir fragten: „Wem gegenüber?" Da gab er zur Antwort: „Gegenüber Allah. Und Seinem Buch. Und Seinem Gesandten. Dem Führer der Muslime gegenüber. Und ihren einfachen Leuten."

Besinnung Nr. 5

Mir wurde der Befehl gegeben, mich so lange gegen die Menschen zu wenden, bis sie Allah als den Einzigen Einen bezeugen. Und bezeugen: Mohammed ist Sein Prophet. So lange, bis sie sowohl das Gebet als auch die Almosensteuer nicht länger versäumen. Sobald sie dieses tun, haben sie vor mir Schutz für ihr Blut wie auch ihr Gut erworben. Es sei, sie würden strafbare Taten begehen. Dann wird Allah für ihre Abrechnung sorgen.

---

* Dem „Hause" Abrahams, der Kaaba – dem Hauptheiligtum des Islams

Besinnung Nr. 6

Verbotenes bemüht euch zu vermeiden; Gebotenes jedoch erstrebt – so viel ihr vermögt. Denn nur durch unbotmäßiges Fragen und weil sie nicht einig mit den Gottes-Gesandten waren, wurden die Völker zerstört.

Besinnung Nr. 7

Das Gute nur nimmt Gott, der Gute und Erhabene, an. Das hat Er den Gesandten wie auch den Gläubigen befohlen. Der Allermächtigste gab kund: „O ihr Gesandten, esset von den guten Dingen. Und tuet nurmehr Gutes." Wie Er auch sprach: „O die ihr glaubt, esset von den guten Dingen – womit Wir euch versorget haben." Wonach er vom Falle eines weitgereisten Mannes erzählte, mit ungekämmtem Haar und staubbedeckt, der seine Hand zum Himmel streckte und rief: „O Herr! O Herr!" – wo doch seine Nahrung unerlaubt war. Wo doch sein Trank wie auch Gewand von verbotener Art waren. Wo er sich doch von Verbotenem nährte. Wie kann er da erhöret werden!

Besinnung Nr. 8

Gib auf, was Zweifel in dir weckt, und tu anstelle dessen, was zweifelsfrei ist.

Besinnung Nr. 9

Zum guten Muslimsein gehört, zu lassen, was ihn nicht betrifft.

Besinnung Nr. 10

Gläubig ist so lange keiner, bis er nicht für seinen Bruder das wünscht, was er selber gern hätte.

Besinnung Nr. 11

Sei eingedenk Allahs, und Allah wird dich schützen. Sei engedenk Allahs, und du wirst ihn vor dir finden. So du bittest, bitte Allah, und suche Hilfe bei Allah. Wisse, sollten sich auch die Nationen dieser Welt allesamt zusammentun, um dir damit zu nützen, so könnten sie dir dennoch nur darin nützlich sein, was Gott dir längst verordnet hat. Und sollten sie sich deswegen alle versammeln, um dir durch irgend etwas zu schaden, so könnten sie dir doch nur mit etwas schaden, das Allah für dich vorgesehen hat. Denn der Stift (der das Schicksal schreibt) ist schon weggelegt worden, und die Seiten (der Bestimmung) sind trocken.

Besinnung Nr. 12

Wer glaubt, soll Gutes sprechen oder schweigen. Wer glaubt, der soll den Nachbarn ehren. Wer glaubt, soll seinen Gast großherzig ehren.

Besinnung Nr. 13

Ein Mann bat den Propheten: „Rate mir!" Da sagte dieser: „Zürne nicht!" Da wiederholte er die Bitte mehrmals. Doch dieser sagte: „Zürne nicht!"

Besinnung Nr. 14

Allah hat wahrlich für eine jede Sache empfohlen, wie diese anzufangen ist. Wenn ihr nun tötet, so tötet recht, und wenn ihr nun schlachtet, so schlachtet recht. Also schärft eure Klingen, jeder von euch, und erspart eurem Opfer das Leiden.

Besinnung Nr. 15

Wo auch immer du bist, so fürchte Allah, und laß der schlechten Tat eine gute Tat folgen – damit jene ausgelöscht wird. Und behandle die Menschen mit gutem Benehm.

Besinnung Nr. 16

Sei eingedenk Allahs, auf daß du diesen bei dir findest. Erkenne ihn in deinem Wohl, auf daß Er dich in deinem Leiden kenne. Und wisse wohl, daß das, was dich nicht traf, dich auch nicht treffen sollte. Und was dich traf, dich nicht verfehlen sollte. Und wisse wohl, der Sieg kommt mit Geduld, der Trost mit Sorge, und mit der Not Erleichterung.

Besinnung Nr. 17

Folge deinen Wünschen, sofern du dich dabei nicht schämst.

Besinnung Nr. 18

Als ich den Gesandten Gottes befragte, ob dieser uns solch eine Lehre des Islam mitteilen könnte, die wir nirgendwo sonst zu hören bekämen, da sagte er uns: „Bekunde: ‚Ich glaube an Allah' – und dann stehe dazu."

Besinnung Nr. 19

Der Gesandte Gottes wurde gefragt: „Glaubst du, wenn ich das Pflichtgebet verrichte, im Fastenmonat faste, mir nur das Erlaubte gestatte und mir das Verwehrte versage und sonst weiter nichts tu – daß ich dann ins Paradies gelange?" Da sagte er: „Ja."

Besinnung Nr. 20

Reinheit ist der halbe Glaube. Al-hamdu-lillah („Dank sei Allah") füllt die Waagschalen, und subhan-allah („Preis sei Allah") füllt alles zwischen Himmel und Erde. Gebet ist Licht; Güte ein Beweis. Geduld ist Erleuchtung.

Und der Koran ein Beweismittel für oder gegen dich. Jedermann geht in den Tag und verkauft seine Seele und bringt dafür ihre Befreiung oder ihr Verderben zurück.

Besinnung Nr. 21

Wenn es gen Abend geht, erwarte nicht, den nächsten Morgen zu erleben. Und so der Morgen erscheint, keine nächste Nacht. Und nimm fürs Kranksein morgen vom heutigen Gesundsein, von deinem Leben für den Tod.

Besinnung Nr. 22

Hat nicht Allah euch Güter vermacht, um sie als Almosen zu geben? Jede Lobpreisung (subhan-allah) ist ein Almosen; jede Höherpreisung (Allahu akbar/„Gott ist größer") ist ein Almosen; jede Danksagung (al-hamdu-lillah/„Dank sei Gott") ist ein Almosen. Der Aufruf zum Guten ist ein Almosen. Und das Beiwohnen der Gattinnen eines jeden von euch ist ein Almosen. (Verkürzt gegenüber dem von Abu Darr berichteten hadith.)

Besinnung Nr. 23

Ein Almosen zu geben obliegt einem jeden Menschen, so die Sonne für diesen aufgeht, an einem jeden Tag. Zwischen zweien Gerechtigkeit herstellen ist ein Almosen; einem Mann mit seinem Reittier helfen, ihn oder seine Habseligkeiten daraufheben, ist ein Almosen; das gute Wort ist ein Almosen, und ein jeglicher deiner Schritte zum Gebet ist ein Almosen. Und auch eine gefährliche Sache aus dem Weg zu räumen ist ein Almosen.

Besinnung Nr. 24

Tugendhaftigkeit ist Schönheit guter Lebensart, und Sünde, was in deiner Seele poltert, aus Furcht, daß andre Menschen es entdecken.

Besinnung Nr. 25

Einst hielt uns Gottes Gesandter eine ermahnende Predigt, die unsere Herzen mit Ängsten erfüllte und uns die Tränen in die Augen trieb. Wir gaben zu bedenken: „Das klingt wie eine Abschiedsermahnung, O Gottesgesandter?" Da sprach er das folgende Wort: „Ich rate euch zur Gottesfurcht – erhaben sei Er über euch –, zum Hören und Gehorchen. Selbst wenn ein Sklave euch geböte. Denn wahrlich werdet ihr, wenn ihr nur lange lebt, ganz vielem Streit begegnen. Drum haltet an der Sunna fest, am Brauch der Rechtgeleiteten. Haltet daran fest. Und seid gefeit vor Neuerung. Denn alles, was nur ausgedacht ist, wird euch schließlich irren lassen. Was wie Höllenfeuer ist."

Besinnung Nr. 26

Gläubig unter euch ist keiner – bis sein Wollen dem entspricht, was man euch durch mich geschickt.

Besinnung Nr. 27

Allah, der Allmächtige, hat religiöse Pflichten verfügt, also vernachlässigt sie nicht. Er hat Grenzen gezogen, also überschreitet sie nicht. Er hat Taten verboten, also begehet sie nicht. Über manche Dinge schwieg er, aus Erbarmen um euch, nicht aus Vergessen. Also suchet sie nicht.

Besinnung Nr. 28

Ein Mann kam zum Propheten (Allahs Heil und Segen über ihn) und sprach zu ihm: Benenne mir ein Werk, Gesandter Allahs, für das sowohl Gott wie die Menschen mich lieben. Da gab dieser kund: „Entsage der Welt, dann liebt dich Allah: Entsage dem, was den Menschen gehört, dann lieben dich die Menschen."

Besinnung Nr. 29
Nicht Schaden zufügen. Und nicht Schaden vergelten.

Besinnung Nr. 30
Wenn man den Menschen gäbe, wonach sie verlangen, so würden sie die Reichtümer und das Leben der Anderen verlangen. Das Erbringen des Beweises jedoch obliegt dem Kläger, und den Eid zu schwören dem Leugner allein.

Besinnung Nr. 31
Wer böse Taten schaut, der soll sie mit der Hand vereiteln. So das nicht geht, mit seiner Zunge. Als Schwächstes mit dem Herzen nur.

Besinnung Nr. 32
Beneidet nicht einander, und überbietet euch nicht. Hasset nicht einander, und wendet nicht ab das Gesicht. Und unterbietet (beim Handel) euch nicht – sondern seid Diener Allahs, was heißt: Brüder. Der Muslim ist des Muslims Bruder, er fügt ihm weder etwas zu, noch läßt er ihn im Stich. Noch lügt er wider ihn und verachtet ihn nicht. „(Denn sieh:) die Gottesfurcht ist hier" – da wies er dreimal an die Brust. Verachtung macht das Übel voll – wenn ein Muslim den Bruder verachtet; denn heilig ist des Muslims Blut, wie auch sein Hab und Gut und ebenso die Ehre.

Besinnung Nr. 33
Allah, der Allmächtige, sprach: O Adams Sohn, solange du Mich rufst und auf Mich hoffst, verzeih Ich dir für deine Taten und achte diese nicht. O Adams Sohn, so deine Missetaten selbst bis an die Himmelswolken reichten und du darob Vergebung flehst, verzeih Ich dir. O Adams Sohn, kämst du mit Sünden, groß wie diese Erde selbst, doch

trätest du vor Mich mit der Bezeugung, daß nichts Mir beigesellt ist, verzeih Ich dir in gleicher Weise. (Bei An-Nauawi Nr. 42)

Besinnung Nr. 34

Niedergeschrieben hat Gott die guten wie die bösen Taten. Was (der Prophet) uns zu erläutern pflegte: Wer also die Absicht zu einer guten Tat in sich trägt, dem schreibt Gott diese als gute Tat nieder. Wer sie als Absicht in sich trägt und diese auch vollbringt, dem schreibt Allah bei sich zehn solcher Taten nieder – bis zum Siebenhundertfachen, und (auch) darüber. Plant er eine schlechte Tat, die er dann doch nicht vollbringt, so schreibt ihm Gott diese als gute Tat nieder. Plant er eine böse Tat jedoch, die er (absichtsvoll) vollbringt, so schreibt sie Allah nur als jeweils eine böse Tat nieder.

Besinnung Nr. 35

Allah, der Erhabene, spricht: Wer einen von meinem Gefolge befehdet, dem erkläre Ich den Krieg. Und es gibt nichts, durch das Mein Knecht Mir näherkäme und das Ich an seiner Gottes-Verehrung mehr liebte, als die Pflicht, die Ich ihm auferlegt habe. Mein Knecht beharrt darauf, sich Mir aus freien Stücken und mit frommen Taten zu nähern – bis Ich ihn liebgewonnen habe. Sobald Ich ihn deswegen liebe, bin Ich sein Hören, mit welchem er hört, sein Schauen, mit welchem er schaut. Bin Ich die Hand (geworden), mit welcher er greift, und sein wandelnder Fuß, mit welchem er geht. Und sollte er Mich bitten, so werde Ich ihm seine Bitte gewähren; und so er Mich um Beistand bittet, so werde Ich seine Zufluchten mehren.

Besinnung Nr. 36

Um meinetwillen hat Gott meinem Volke verziehn. Sein Vergehen, sein Vergessen, und wozu die Not es gebracht.

Besinnung Nr. 37

Mich nahm der Gesandte Allahs bei der Schulter, derweil er zu mir sprach: „Sei in dieser Welt wie ein Fremder oder wie einer, der pilgert."

Besinnung Nr. 38

Wahrlich, wird die Schöpfung eines jeden von euch in eurer Mutter Leib in nurmehr vierzig Tagen zustande gebracht. Zuerst aus einem Samentropfen. Sodann aus einem kleinen Klümpchen Blut. Sodann aus einem Stückchen Fleisch. Alsdann wird der Engel zu ihr gesandt: die Mittel für den Unterhalt niederzuschreiben. Die festgesetzte Lebensfrist. Wie auch die Taten und die Werke. Und um niederzulegen, ob das Geschöpf glücklich oder unglücklich sein wird. Bei Gott, neben dem es keinen anderen gibt: wahrlich, auch wenn einer unter euch eines Paradiesbewohners angemessene Werke vollbringt, bis zwischen Mir und ihm nur noch eine Armlänge ist – und auf ihn dann doch die [von Mir] festgesetzte Niederschrift zutrifft, und er insofern Höllenwerke vollbringt, so wirft er sich selbst ins Feuer hinein. Doch vollbringt von euch wahrhaft jemand der Höllenwesen angemessene Werke, bis nur eines Armes Länge zwischen uns ist, und überkommt ihn alsdann das Schicksal, das von Feder und Tafel festgelegt ist, und vollbringt er dementsprechend paradiesische Werke, so wird er in die Gärten einkehren.

Besinnung Nr. 39

Offenkundig ist das Gewährte, offenkundig das Verwehrte. Über die Dinge dazwischen wissen nicht viele Bescheid. Wer also das Zweifelhafte meidet, läutert sich, was seine Religion und Ehre betrifft. Doch wer das Zweifelhafte sucht, fällt mit Gewißheit in das Verwehrte. Wie ein Hirt, der um das Heiligtum weidet, nicht umhin kommen wird, auch darinnen zu weiden. Wahrlich, ein heiliger Ort gebührt wohl jedem Herrscher, und das Heiligtum Allahs ist das Verwehrte. Wohl wahr, befindet sich ein kleiner Klumpen Fleisch im Körper. Ist dieser gesund, ist der Körper als ganzer gesund. Wohl wahr, dieser kleine Klumpen Fleisch ist das Herz.

Besinnung Nr. 40

Allah spricht am Tag der Auferstehung: „Wo sind die, die sich um Meinetwillen liebten? Heute gebe Ich ihnen Schatten in Meinem Schatten – am Tag, wo es keinen Schatten außer Meinem Schatten gibt."

Zur Umschrift und zu Schreibbesonderheiten

Es gibt eine Reihe von Umschriftsystemen, um die Aussprache der in diesem Buch verwendeten arabischen und zum Teil auch persischen Begriffe und Namen zumindest näherungsweise auch von Lesern deutscher Sprache nachempfinden zu lassen. Die international geläufigen Umschriftsysteme beziehen sich jedoch im allgemeinen auf die englische Sprache, so daß jeder Leser, der diese Sprache nicht beherrscht, keinen Vorteil aus einem solchen Umschriftsystem gewinnt. Aus diesem Grunde ist die hier verwendete Umschrift dem deutschen Aussprachegebrauch weitgehend nachempfunden worden. Die arabischen bzw. wenigen persischen Begriffe und Namen sollten so ausgesprochen werden, wie man ein deutsches Wort mit entsprechender Buchstabenfolge aussprechen würde; das kann verständlicherweise nicht ganz exakt sein, denn jede Sprache besitzt ihre charakteristisch eigenen Laute, die man auch durch ein noch so ausgefeiltes Übertragungssystem nicht authentisch wiedergeben kann. Aus Gründen der besseren Lese-Integration wurde deshalb auf jede komplizierte Umschrift zu Lasten der Aussprache-Exaktheit verzichtet.

Die arabischen (und persischen) Fachbegriffe werden bei ihrem ersten Auftreten jeweils *kursiv* gesetzt. Beim wiederholten Auftreten werden die arabischen (und persischen) Fachbegriffe, wenn sie die Stelle des deutschen Begriffes einnehmen, normal und klein geschrieben. Stehen sie beigeordnet zu einem entsprechenden deutschen Begriff, werden sie in einfache Anführungszeichen gesetzt (,'). Stehen die deutschen Fachbegriffe allein (vor allem, wenn sie eine andere Bedeutung als im Sprachgebrauch üblich besitzen), werden auch diese in einfache Anführungszeichen gesetzt.

In doppelte Anführungszeichen („") werden gesetzt:
– alle Zitate (auch Koranzitate),
– *wörtliche Übersetzungen* gerade im Text verwendeter arabischer bzw. persischer Begriffe,
– und solche Begriffe, die der Text hinterfragt und die in einem eher metaphorischen Sinne gebraucht werden.

Koranzitate wie auch Zitate von Sufi-Heiligen werden auch hinter dem Doppelpunkt mit einer Großschreibung begonnen.

Zusammengesetzte, feststehende sakrale Begriffe, die sich auf Gott (Allah) oder den Koran beziehen (wie die Schönen Namen Gottes oder die Heilige Schrift) werden jeweils groß geschrieben.

„Göttlich" als Aspekt Gottes wird jeweils groß geschrieben, „göttlich" als Aspekt des Menschen wird dagegen klein geschrieben.

Ist der Sprecher eines Textes Gott, werden „Ich" und „Wir", „Mein" und „Mir" groß geschrieben. Spricht der Text *über* Allah/Gott, wird das auf Gott/Allah bezogene „er" oder „ihn" dagegen klein geschrieben.

Textergänzungen des Autors innerhalb von Zitaten werden in eckige Klammern [...] gesetzt.

Anmerkungen

1 Aussage des jemenitischen Sufi *El-Hadsch Scheich Mohammed 'Ali* (Cardiff), aus.: Steff Steffân, Antworten der Sufi. Unveröffentlichte Schrift.
2 Der Begriff ‚Demiurg' stammt wahrscheinlich von Plotin. Eine ausführliche Lehrparabel über die Suche des Demiurgen (Semiurgh) ist in *Attars* „Konferenz der Vögel" zu finden, in welcher dreißig Vögel (als Sinnbilder menschlicher Fähigkeiten) aufbrechen, um schließlich sich selbst (und d. h. den Semiurg als ‚König der Welten') zu finden.
3 Im folgenden beziehen wir uns im wesentlichen auf C.A. Meier: Antike Inkubation und moderne Psychotherapie, Rascher Verlag, Zürich, 1949. Hintergrund der nachfolgenden Ausführungen bildet der Brauch der Griechen (wie vor ihnen der Ägypter), im Krankheitsfalle, insbesondere wenn eine sachgemäße medizinische Betreuung versagt hatte, eines der Heiligtümer des Asklepios aufsuchen, welcher zu Lebzeiten als ein berühmter Arzt und nach seinem Tode zuerst als ein Held und später als der gleichermaßen Krankheiten wie Genesung bringende ‚Gott' galt. Der Heilsuchende hatte dabei eine Reihe von opfergemäßen Vorbereitungen zu treffen, bevor er zu einem Heiltraum in eines der Asklepien eingelassen wurde, in welchem ihm Asklepios als Bote und ‚Gott' der Gesundheit erscheint. Berühmt ist auch die Höhle von Trophonios, ebenfalls ein Erscheinungsort des Asklepios.
4 Bekannt ist, daß zu Anfang der Trauminkubation sowohl in Ägypten als auch in Griechenland die Heilung ausschließlich durch einen Heiltraum erfolgte, in der geistigen Schau des ‚Heilgottes', in der Erfahrung der Mysterien der ‚Götter', während zu späteren Zeiten der Traum nurmehr therapeutische Anweisungen kundgab, und die Heilung selbst erst in der Folge des Traumes stattfand.
5 Siehe auch: M.Pongracz/I.Santner: Das Königreich der Träume, Paul Zsolnay Verlag, Hamburg, Wien, 1963, S. 24 ff. Serapis, hergeleitet von den ägyptischen Göttern Osiris-Apis, wurde als Heil-, Orakel- und Fruchtbarkeitsgott dem Asklepios gleichgesetzt.
6 Noch heute gilt der in den Asklepien als Sinnbild des Heilgottes Asklepios geschaute Asklepiosstab als Zeichen des Arztes. In den Fällen, in denen Asklepios den Träumenden nicht in der Gestalt der den Baum umwindenden Schlange erschien, zeigte er sich im allgemeinen als weißbärtiger Greis oder wachsamer Hund.
7 An dieser Stelle sei der Hinweis auf die sprachliche Verwandtschaft von ‚heil' (ganz) und ‚heiligß' (vollkommen) gestattet.
8 An dieser Stelle möchten wir an die Erkenntnis Platons erinnern, nach welcher ein Erkenntnis Erinnerung ist.
9 In der sinnbildlichen Begriffswelt der Sufis werden die äußerlichen Gesetze (schari'ah) häufig mit einem Kreis oder Rad verglichen, deren einzelne Radien (oder Speichen) die geistigen Pfade (turuq) seien, welche zur innersten Wahrheit (haqiqah) oder „Erinnerung" führen.
10 Da ein großer Teil der sufischen Lehre auf sinnbildlichen Umwandlungsverfahren gründet und die Sinnbilder menschlicher Begrifflichkeit als Brücken der Wirklichkeit gelten, kann eine Einführung in das Sufitum, so sie sich dem Anspruch der Echtheit verpflichtet fühlt, nicht umhin, wiederum eine Einführung in ihre eigene Begriffswelt in sich einzuschließen.
11 Nach einem Worte Jesu.

12 Eine erste Einführung in die Gedankenwelt Plotins ergibt sich durch: Plotin, Ausgewählte Schriften, Reclam Verlag, Stuttgart 1973. Unter dem ‚Verständnis der Einheit' ist das Verständnis der Göttlichen Einheit oder das Verständnis der ‚Einheit des Seins' gemeint, d.h. das Verständnis, daß kein Sein besteht außer dem Sein Gottes, und keine Seele, es sei denn als eines Anblickes der Einen und Einzigen Göttlichen Seele.

13 Der Begriff der ‚Metapsychologie' innerhalb des vorliegenden Kapitels ist bewußt gegen den Begriff der ‚Parapsychologie' gewählt worden und sollte keineswegs mit diesem verwechselt werden; wohingegen wir unter Metapsychologie die offenbarungsgemäßen Zusammenhänge mit anderen, d.h. jenseitigen Welten verstehen, ist die Wissenschaft der Parapsychologie durch die sie einschränkenden positivistischen Theoreme und empirischen Unzulänglichkeiten begrenzt und setzt sich begrenzend mit den offensichtlich in Erscheinung tretenden Wirkkräften einzelner (und im allgemeinen niederer) dieser jenseitigen Welten auseinander, nicht jedoch mit ihren göttlichen, und d.h. metaphysischen und metapsychologischen Ursprüngen, Archetypen und Sinnbildern.

14 Im Sinne der Sufis gehören zur dunya des Körpers alle körperlichen Leidenschaften, welche den Körper des Menschen gottesvergessen machen, wie beispielhaft die körperliche Lust. Wohingegen die gewöhnlichen Gefühle, wie Haß, Wut, Ärger, Eifersucht usw., zur Gottesvergeßlichkeit des Herzens, und d.h. zur dunya des Herzens, gehören.

15 Henry Colbin, The Creative Imagination of Ibn al-'Arabi, S. 42–43.

16 Understanding Islam, S. 124. In Deutsch: Den Islam verstehen.

17 Siehe auch das Kapitel „Über den Sikr".

18 Adam: Der Mensch. Im sufischen Verständnis gilt Adam nicht nur als der ‚Stellvertreter Gottes auf Erden' und ‚erste Mensch', sondern gleichermaßen als der ‚erste (offenbarte) Prophet'. Wohingegen der Prophet der vollkommenen Gottergebenheit (islam), Mohammed, geschaffen war, „als Adam sich noch zwischen Wasser und Lehm befand" (nach einer Aussage des Propheten Mohammed).

19 Understanding Islam, S. 123.

20 The Creative Imagination of Ibn al-'Arabi, S. 42–43.

21 Understanding Islam, S. 124.

22 Titus Burckhardt, Vom Sufitum, S. 73.

23 Die Sufis verstehen ihren eigenen geistigen und metapsychologischen Pfad als Nachfolge der berühmten Himmelfahrt des Propheten Mohammed. Dieser wurde während der Nacht, durch *Buraq*, ein silbernes Geheimniswesen, welches ein Frauenantlitz trug und ihm von Dschibriel (Gabriel) im Auftrage Gottes für seine Nachtreise und Himmelfahrt geschickt worden war, von Mekka nach Jerusalem überbracht, und in Jerusalem vom Felsendom aus in die sieben Prophetenhimmel gehoben. In diesen kam es zur Begegnung mit den ihm vorausgegangenen Propheten und ihren Offenbarungen. Was die Sufis dahingehend deuten, daß der geistigen (senkrechten) Reise die seelische (waagerechte) Reinigung und ‚Reise' vorauszugehen hat.

24 Nach *'Ala'al-Daulah Simnani*, in: Ardalan und Bakhtiar: The Sense of Unity (Laleh Bakhtiar: Sufi, Expressions of the Quest, bzw. Sufi, Ausdruck der mystischen Suche, S. 98 bzw. 97.

25 William Stoddart, Das Sufitum, S. 16 ff.

26 Nur muhammadiyya, das „mohammedanische Licht", entsprechend dem ‚unerschaffenen Wort', dem Koran.

27 An dieser Stelle sei angemerkt, daß die Muslime insgesamt und zuvorderst die Sufis als das „Volk des la ilaha illa 'Llah" bekannt sind. Einer prophetischen Aussage gemäß ist demjenigen das Paradies versprochen, welcher ein einziges Mal in seinem Leben diesen ersten Teil des Bekenntnisses äußert.

28 Nach Schuon (S. 124) ist die schahada (das Bekenntnis) nichts anderes als eine „Veräußerlichung" des Namens Allah.

29 Wenn die Muslime, und insofern die Sufis, zum Glauben an alle heiligen Schriften verpflichtet sind, so sind sie doch gleichermaßen bezüglich der Ausdeutung der in den heiligen Schriften enthaltenen Gesetze und Lebensregeln usw. verpflichtet, im Falle der Verschiedenheiten der Heiligen Schriften die jeweils jüngere der jeweils älteren vorzuziehen, und d. h. im Streitfalle zwischen Thora, Bibel und Koran den Koran.

30 Siehe auch Hossein Nasr, Ideals and Realities of Islam, S. 134.

31 Während Islam die vollkommene Hingabe an Gott bedeutet, ist derjenige, welcher sich ganz dieser vollkommenen Hingabe weiht, ein Gottergebener (Muslim).

32 Siehe auch Hossein Nasr, ebenda.

33 Salik, wörtlich der „Reisende". Bezeichnung des Sufi-auf-dem-Wege in Abgrenzung zum Muriden, einem Schüler eines Scheichs im allgemeineren Sinne. Häufig werden auch diejenigen als Schüler bezeichnet, welche allein der Segenskraft eines Scheichs wegen als Schüler (*muridun*) gelten, ohne jedoch im wahren Sinne des Wortes, und d. h. mit allen Mühen und Einschließlichkeiten, auf dem mystischen Pfade zu sein.

34 Ideals and Realities of Islam, S. 136.

35 Ebenda, S. 137.

36 Ebenda, S. 135.

37 Siehe auch A. J. Arberry, Sufism. An Account of the Mystics of Islam, S. 79.

38 Siehe auch: Farid ud-din 'Attar, Conference of the Birds, bzw. Die Vogelgespräche.

39 Siehe auch: *Nizami*: Die sieben Geschichten der sieben Prinzessinnen.

40 The Conference of the Birds.

41 Laleh Bakhtiar, S. 32.

42 Understanding Islam, S. 114.

43 Siehe Hossein Nasr, S. 137: „The central doctrine concerning the ultimate nature of reality has usually been called *wachdat al-wudschud*, or the (transcendent) unity of Being."

44 Hossein Nasr, ebenda, S. 137.

45 „Kein", „nein", „nicht". Ausdruck der unbedingten Verneinung.

46 Laleh Bakhtiar, ebenda, S. 9.

47 Martin Lings, Was ist Sufitum?

48 An dieser Stelle möchten wir auf die Verwandtschaft des Erhabenen Namens ‚Allah' zu aramäisch/hebräisch ‚Ällahi'/‚Elli' aufmerksam machen.

49 So der Ägypter Dr. Salah Eid.

50 Dagegen gelten die übrigen neunundneunzig Schönen Namen Gottes als die eigentlichen Eigenschaften Gottes.

51 Bezüglich dieses Zusammenhanges siehe auch die *sura al-kahf*, die 18. Sure des Korans.

52 Lings, Was ist Sufitum?

53 Ebenda.

54 Titus Burckhardt in: Muhyi-d-din Ibn el-'Arabi, The Wisdom of the Prophets, S. 3.

55 Nach Abu Hamid al-Ghasali: Das Elixier der Glückseligkeit.
56 Bakhtiar, ebenda, S. 19.
57 Außer der ‚Welt der Vorstellungen' ('alam al-mithal), unterscheiden die Sufis u. a. die ‚Welt der Körper' (*'alam al-adschsam*), die ‚Welt der (reinen) Geister' (*'alam al-arwah*), und ‚Die Welt der Allmacht' (*'alam al-dschabarut*).
58 Stoddart, ebenda, S. 48.
59 Eine ausführliche Darstellung der Faszination in Stefan Makowski: Die Alchemie über die Poesie. Unveröffentlichte Schrift.
60 Bakhtiar, ebenda, S. 19.
61 Die Sufis verwenden den Begriff des dschihad eher und nahezu ausschließlich im Sinne des inneren Krieges, wohingegen die Muslime im allgemeinen diesen Begriff auch und vor allem im äußerlichen Sinne als ausgetragenen Kampf gegen die Ungläubigen betrachten.
62 Siehe auch Al-Hadsch Scheik Muhammed 'Ali in: Steff Steffan, Antworten der Sufis/Gespräche mit Sufis aus Ost und West. Unveröffentlichte Schrift.
63 Siehe auch die Suren 51 und 72 (al-Dschinn) des Koran.
64 Abu Hamid Al-Ghasali: Das Elixier der Glückseligkeit, S. 37.
65 Ebenda.
66 Genesis, 28, 10.
67 Ghasali, S. 40.
68 Hadith qudsi, eine „Heilige Überlieferung", ist eine durch den Propheten Mohammed empfangene, den Koran oder den Lebensbrauch der Muslime betreffende Aussage, in welcher Gott selbst als „Ich" spricht.
69 Dschihad ist der „Heilige Krieg", welcher allen Muslimen den Ungläubigen gegenüber äußerlich im Falle des Bedrohtseins der eigenen Glaubensausübung und innerlich so lange auferlegt ist, bis die ungläubigen Aspekte des Menschen (seines Ichs) umgewandelt worden sind, und die Seele sich Gott uneingeschränkt hingibt. Siehe auch: Shaykh 'Abd al-Qadir as-Sufi ad-Darqawi: Jihad – a groundplan, Diwan Press, Norwich. Richtiger allerdings ist die Übersetzung als „Anstrengung auf dem Wege Gottes".
70 Koran, 22:46.
71 Koranische Bezeichnung des vollkommenen Menschen (Sufi).
72 Die koranische Grundlage (39:23) dieses hadith liegt im Vers des Koran: „Er (Gott) läßt die Haut jener, die ihren Herrn fürchten, erschauern. Dann werden ihre Haut und ihre Herzen geschmeidig in der Erinnerung Gottes."
73 Claudio Naranjo (Die Psychologie der Meditation) sagt über die rituelle Gotteserinnerung der Sufi: „Die höchste Anwendung lautlicher Wiederholung in Form des Mantras und der Litanei findet man wahrscheinlich in Sufi-Zirkeln..., bei denen die Übung als... Sikr bekannt ist."
74 An dieser Stelle möchten wir daran erinnern, daß Rank so weit ging zu sagen, daß der „Mensch seine Individualität im Zusammenhang mit seinem Willen erfährt"; und Assagioli (Handbuch der Psychosynthese, S. 172) nennt den Willen „die Funktion, die am unmittelbarsten mit dem Selbst verbunden ist".
75 Als ‚Göttlicher Urvertrag' gilt den Sufis das Versprechen, welches eine jede Seele gegeben hatte, als einst alle Seelen mit der Frage vor Gott gerufen wurden: „Bin Ich nicht euer Herr? (*a lastu bi-Rabbikum*)" und eine jede Seele diese Frage bejahte.
76 Koran, 10:100.
77 Koran, 10:100.
78 Koran, 27:30.

79 Islam als die unbedingte Ergebenheit in Gott verstanden, welche sich in Adam vor dem Fall offenbarte.
80 Siehe auch: *Yusuf 'Ali*, The Holy Qur'an, Erläuterung zu sura 24:61.
81 Als die Erhabenen Namen oder Schönen Namen Gottes gelten die neunundneunzig Göttlichen Eigenschaften und der „Gattungsname" (Salah Eid) Gottes, Allah.
82 Koran, 82:7.
83 Koran, 82:8.
84 Fakir, als eine der Bezeichnungen eines Sufi (oder Derwisch), bedeutet der „Arme". Grundlage dieser Bezeichnung ist die koranische Aussage: „Gott ist der Reiche und ihr seid die Armen" (Koran, 47:38).
85 Als Sinnbild des Grabes (des Ich) in welchem der Derwisch oder Sufi ruht, setzen sich vor allem die Derwische des türkischen Mevlevi-Ordens (der ‚Wirbelden Derwische') aus Filz kunstvoll gefertigte, sogenannte tadschs (Kronen) als sinnbildliche Grabsteine auf ihren Kopf.
86 Bakhtiar, S. 90.
87 Ebenda.
88 Dem Lyrik-Band des Verfassers „Das Volk, Soldaten, Zitronen und Rosen" entnommener Vers, der sich auf den Lichtvers des Koran (24:36) bezieht.
89 Diese Aussage hat ihre Entsprechung in der nächtlichen Himmelfahrt des Propheten Mohammed, der, als er die sieben Himmel durchquert hatte, in das „Licht des Lichts" (an-Nur) Gottes eintauchte, welches begrenzt war vom schwarzen Unendlichkeitslicht.
90 In diesem Zusammenhang sei auf den koranischen Vers hingewiesen: „Wohin auch immer du dich wendest, dort findet sich das Antlitz deines Herrn" (Koran, 2:115).
91 Koran, 5:54. Siehe auch die ausführliche Darstellung in Achmed Ghasalis „Gedanken über die Liebe".
92 Hossein Nasr, S. 139.
93 Titus Burckhardt, S. 84.
94 Erst hier läßt sich greifbar verstehen, daß die als wissenschaftliche Psychologie und Freudianische Psychoanalyse bekannten Verfahren nurmehr für die Deutung der Natur eines „bruchstückhaften Menschen" (Reza Arasteh, Sufi Studies: East and West, S. 91, Psychology of the Sufi Way to Individuation) eine beschränkte Gültigkeit besitzen können, da sie die Merkmale des kultur- und persönlichkeitsüberschreitenden, vollkommenen Menschen in keiner Weise als den alleinigen Ausgangspunkt ihrer Beschreibung berücksichtigen.
95 Siehe auch Reza Arasteh, Psychology of the Sufi Way to Individuation, in: Sufi Studies: East and West, S. 94.
96 Gerade durch die Lehre von ‚Einheit des Seins' zeichnet sich der Islam als die Rückkehr zu einem (bereits Abraham offenbarten) unbedingten Eingottum (Monotheismus) aus. In der surat-al-ichlas heißt es:,,Sprich, Gott ist Er, der Einzige. Der Unverrückbar-Unveränderlich-Beständige. Er zeugt nicht und ward nicht gezeugt. Und nichts ist Ihm vergleichbar." (Koran, 113); (kursiv vom Autor).
97 Hossein Nasr, S. 137f.
98 Die Sufis glauben daran, daß dem ‚uranfänglichen Menschen', Adam, das Wissen der Geheimnisse aller Schönen (oder Erhabenen) Namen Gottes gegeben wurde. In dieser Verfügung über uneingeschränkt *alle* Göttlichen Namen oder Eigenschaften lag gleichermaßen die adamische Verführung.

99 Die Geschichten aus 1001 Nacht gelten als Lehrgeschichten der Sufis. Sie entsprechen den 1001 Tagen der Novizenzeit, die ein Sufi-auf-dem-Wege (so z. B. im türkischen Mevlevi-Orden) zu durchlaufen hat.
100 ‚Nur' könnte treffender als „Licht des Lichts" bezeichnet werden, als die Ursache und Quelle des inneren Lichts.
101 Dazu sagte der bekannte Sheikh al-Kamil (zitiert nach: 'Abd ar-Qadir as-Sufi, Der Pfad der Liebe, bzw. The Way of Mohammed): „Wahrlich, die erschaffenen Wesen sind Bedeutungen in Bilder verwandelt. Wer dieses begriffen hat, gehört zu den Menschen mit Unterscheidungsvermögen" (S. 73).
102 Im Sinne der Scientia Sacra Schuons.
103 Nach Martin Lings, Was ist Sufitum?
104 'Abd ar-Qadir as-Sufi, The Hundred Steps, S. 1.
105 Koran, 57:2.
106 Aus: Stefan Makowski, Über Hadith und Sunna des Propheten, (unveröffentlichter) Vortrag, gehalten in der Evangelischen Akademie zu Berlin.
107 In sura 11, Vers 7(8) des Koran heißt es: „Es ist Er (Gott), welcher die Himmel und die Erde in sechs Tagen erschuf; und Sein Thron war über den Wassern."
108 Nach *Schibli* bedeutet das wudu' Trennung und das Gebet Vereinigung.
109 Der Koran spricht von zwei „Körpern fließenden Wassers" (Koran, 25:53), einem süßen und einem salzigen „Körper", dem (süßen) Regen, den (süßen) Flüssen und Seen und den (salzigen) Meeren. Im Zusammenhang mit dem wudu' verstehen wir das Eintauchen in die süßen Ströme der Schöpfung selbst jedoch eher als einen Hinweis auf den ersten der vier Flüsse des Paradieses (den Fluß des Wassers, den Fluß der Milch, den Fluß des Honigs und den Fluß des Weines.
110 'Abd ar-Qadir as-Sufi, Der Pfad der Liebe, bzw. The Way of Muhammed, S. 36.
111 Ebenda, S. 40.
112 Ebenda, S. 38.
113 Ebenda.
114 Der ‚Einflüsterer' ist eine koranische Bezeichnung schaitans (Satans), worunter wir an dieser Stelle vor allem die ungereinigten, chaotischen Gedankenfluten eines nicht vereinten Menschen zu verstehen haben, im Sinne einer psychologischen Betrachtung als internalisierte Stimmen, im Sinne sufischer Metapsychologie als fremde Seeleneinwirkungen und den inneren Chorus nichtunterworfener ‚Dschinnen'.
115 Dem Koran gemäß erschuf Gott (*Allah-ta'ala*) den Menschen nach Seiner Gestalt (welche sowohl einen förmlichen als auch einen überförmlichen Aspekt besitzt).
116 Erst die erneut göttliche, vereinte Seele überwindet die gewöhnliche seelische Zweifältigkeit (Dualität) von Ja und Nein, Hoffnung und Zweifel, Gottesleugnung und Gotteserinnerung, gut und böse, usw..
117 Siehe auch Hossein Nasr, S. 114.
118 Im Falle, daß die rituelle Wasserreinigung (wudu') nicht möglich ist, ist dem Gläubigen die sogenannte ‚Trockenwaschung' mit Sand, Steinen oder Erde erlaubt.
119 Der Pfad der Liebe, bzw. The Way of Muhammed, S. 142.
120 Ebenda, S. 182.
121 Ebenda.
122 Ebenda.
123 Ebenda.

124 Ibn al-'Arabi, The Wisdom of the Prophets, S. 76.
125 Ya Rachman, der „Gütige", der „Gnädige" oder der „Mitleidvolle", einer der neunundneunzig Erhabenen oder Schönen Namen Gottes wird von einigen Sufis (so von Ibn al-'Arabi) als der „Höchste Name Gottes" angesehen.
126 ‚Dschinni' (arabisch) ist die Bezeichung der Geister. Von ‚dschinni' ist der deutsche Begriff der ‚Genien' oder ‚Dschinnen' abgeleitet.
127 Nach koranischem Verständnis wurden die dschinni (Dschinnen) bereits vor dem Menschen und aus Feuer erschaffen. Während die Engel dem Koran gemäß aus Luft und die Menschen aus Wasser und Erde erschaffen wurden.
128 Im Koran (50:14) heißt es: „Sind Wir (Gott) denn durch eine erste Schöpfung erschöpft? Wahrlich, sie sind durch eine neue Schöpfung getäuscht." Diese Aussagen haben im Sinne Ibn al-'Arabis (The Wisdom of the Prophets, p. 89) zu bedeuten, daß ein jeder Augenblick, der vergeht – und insofern von Gott ausgelöscht wird – in einer logischen Weise mit einem Augenblick einer Offenbarung eines gleichen oder ähnlichen Augenblickes (mathal) zusammentrifft. Die Welt der inneren Erfahrung des äußeren Geschöpftums wird insofern auch die ‚Welt der Gleichnisse' oder ‚Welt der Ähnlichkeiten' ('alam al-mithal) genannt.
129 Der Höchste Name (Gottes) gilt als der Verborgene Name. Wer ihn erkennt, der wende erleuchtet. Eine andere Auffassung (*Scheik Muhammad Osman al-Burhani*, Sudan) weist die Kenntnis des Höchsten Namen Gottes allein dem geistigen Pol der Zeit, dem tatsächlichen und höchsten Stellvertreter Gottes auf Erden, dem qutb, zu.
130 Siehe auch: Friedlander(s) and Muzaffereddin(a) Ninety-nine Names of Allah, 1978.
131 Vor allem die Rhythmen des sikr gelten den Sufis als heilige Wissenschaft.
132 Daß dem ‚h' eine besondere Bedeutung als Anrufung zuteil ist, können wir auch in ‚Hu' oder ‚Huwa', wörtlich „Er", bzw. „Er ist", einer der Göttlichen Namen, erkennen, welcher als der Name der ‚eingebungsvollen Seele' gilt. Die Verwandtschaft von Huwa und Jehowa ist offensichtlich. Zudem galt auch unter den Juden das ‚h' als höchster und göttlicher Mitlaut, was sich im Göttlichen Namen ‚Ehie' zeigt, in welchem das ‚h' nur als feinster Hauchlaut geflüstert werden durfte und welcher insgesamt den höchsten eingeweihten Rabbinern auszusprechen vorbehalten war.
133 Die folgenden Ausführungen beziehen sich auf J. G. Bennet, Die Meister der Weisheit.
134 Der Name beruht auf der Tatsache, daß die Naqschibandi die rituelle Erinnerung Gottes unmittelbar mit den sikr qalbi, dem sikr des Herzens, beginnen, ohne, wie üblich, vorher den lauten sikr zu üben.
135 Bennet, S. 159.
136 Unter den tedschelli (Theophanien, Ausstrahlungen) sind keine prophetischen Offenbarungen zu verstehen; eher das In-Erscheinung-Treten licht- oder bildhafter Erkenntnisse, im Sinne Scheich Nasim Qubrusis (Antworten der Sufis) die „Offenbarungen der höchsten Eigenschaften"; Idries Shah (Die Sufis, S. 242) bezeichnet die tedschelli als „Ausstrahlung oder Leuchten".
137 Idries Shah, Die Sufis, S. 242.
138 Nach einem Ausspruch des Propheten Mohammed.
139 Idries Shah, ebenda.
140 Unter Pir wird der oberste Scheich (scheik) einer sufischen Bruderschaft verstanden. Die wörtliche Bedeutung ist „der Ältere". Die Zusammensetzung von scheik und pir ergibt, seltsam genug: scheik(s)pir (Shakespeare).

141 Umwandlung durch Sufitum, Ausführung über die Verfahren des Sufitumes, für PRANA 1982, Jahrbuch für Yoga.
142 An dieser Stelle möchten wir auf die Übereinstimmung des buddhistischen tausendblättrigen Lotus-Chakra mit dem latif nafs-i-kulli inmitten des Gehirnes aufmerksam machen. Auch den Sufis gilt dieses Zentrum als das höchste und allumfassende der feinstofflichen Zentren. Auch sie verbinden (in Bezug auf die nächtliche Himmelfahrt des Propheten Mohammed, während deren ihn der Erzengel Dschibriel (Gabriel) an der Stelle des Lotusbaumes verließ) mit dem Lotusbaum das Sinnbild völligen Ich-Verlustes, der Ekstase und Vergöttlichung; der Lotusbaum ist das Sinnbild der Überschreitung jeglicher menschlicher Form.
143 Die folgenden Ausführungen beziehen sich auf: Sirdal Ikbal 'Ali Shah, Islamic Sufism. Idries Shah dagegen verbindet den ‚Verstand' mit der Farbe gelb (S. 301). Im übrigen können diese Zuordnungen nicht verallgemeinert werden. Sie unterscheiden sich von Orden zu Orden gemäß den begleitenden geistigen Übungen.
144 Islamic Sufism, 1971 (1934).
145 Im englischen ‚mind'.
146 Titus Burckhardt, S. 127.
147 Bemerkenswert ist der Hinweis darauf, daß auf den frühen Darstellungen des Leidens Jesu der meist blutende Einstich auf der rechten Brustseite in Höhe des ruh-Zentrums abgebildet ist. Wer die Übung der Lataif als eine geistige Diziplin kennt, wird nicht umhin können, diese in einigen Versen der Johannes-Apokryphen wiederzuerkennen, in welchen auch – an gleicher Stelle – der von den Sufi ausgeübte ‚heilige Tanz' zur Erinnerung Gottes von Johannes ausführlich dargestellt wird. (Siehe dazu: Rafael Lefort, Die Lehrer Gurdieffs. Reise zu den Sufi-Meistern). Im Zusammenhang mit der Bezeichnung ‚Jesus-Latif' für das rechtsseitige Herz-Zentrum sollte auch darauf hingewiesen werden, daß der koranische Beiname Jesu ‚ruh-Allah', der „Geist Gottes", ist.
148 Koran, 17:84. Siehe auch Titus Burckhardt, S. 127.
149 Siehe auch Annemarie Schimmel, Die mystischen Dimensionen des Islam, S. 213.
150 Im Vorwort zum „Das Totenbuch des Islam" spricht 'Abd ar-Qadir as-Sufi davon, daß das Leben als eine Reise vor der Schöpfung der Erscheinungswelt begann, als ein jeder der Söhne (und Töchter) Adams vor seinen Schöpfer gerufen und gefragt wurde: „a lastu bi-Rabbikum?" („Bin Ich nicht euer Herr ?") und ein jedes Selbst diese Frage bejahte. Nach 'Abd ar-Qadir as-Sufi seien jene Frage und jene Antwort das vibrierende Geheimnis oder ‚sirr' auf dem Grunde des Herzens des menschlichen Geschöpfes.
151 Bemerkenswert ist in diesem Zusammenhang die Tatsache, daß die Buchstaben ba, ra und ka numerologisch die Werte 2, 20 und 200 aufweisen. Eine Deutung hierzu ist die, daß der magische Begriff baraka, welcher mit dem ‚ba' als eines Sinnbildes der Geschaffenheit beginnt, die drei Stufen oder Ausmaße der geschaffenen Seele versinnbildlicht.
152 Einer Überlieferung zufolge werden die Menschen des Paradieses aus vier Flüssen gespeist: „Des Samstags wird Allah den Menschen des Paradieses aus dem Wasser des Paradieses zu trinken gereichen; des Sonntags werden sie seinen Honig trinken, des Montags seine Milch und des Donnerstags seinen Wein." (Siehe auch: Das Islamische Totenbuch, Kapitel „Über die Tore des Paradieses".)

153 Nach Idries Shah, Die Sufis, S. 293.
154 Wissenschaft und Gnosis, Unveröffentlichte Schrift des Autors.
155 Schuon, ebenda.
156 Hossein Nasr, S. 135.
157 Hossein Nasr, Three Muslim Sages, S. 106.
158 Nach Hossein Nasr (Ideals and Realities of Islam, S. 135) ermöglicht allein die ‚mohammedanische Gnade' (al-barakat al-muhammadiyah), welche in der tariqa enthalten ist, die geistige Reise.
159 Siehe auch J.Spencer Trimingham, The Sufi Orders in Islam, S. 45.
160 ‚Abd al-Qadir as-Sufi', The Hundred Steps, S. 21ff.
161 So sagte Titus Burckhardt (Vom Sufitum): „Die sufische ‚Erinnerung' oder ‚Andacht' (sikr) ist also wie die platonische... nicht psychologischer, sondern rein geistiger Natur, denn was durch sie vergegenwärtigt wird, ist wesentlich nicht irgendein bisher unbewußter Inhalt der Seele, sondern eine übersinnliche ‚Wahrheit' oder ‚Wirklichkeit' (haqiqah), wenn auch die geistige Ansammlung das Erwachen ursprünglicher Seelenkräfte im Gefolge haben kann."
162 Dem Koran gemäß besitzen eine Reihe von semitischen Propheten Göttliche Beinamen, wie Moses, der ‚Freund Gottes' und Jesus, der ‚Geist Gottes'. Die häufig genannten Göttlichen Beinamen des Propheten Mohammed sind: *rasulu'Llah* („Gesandter Gottes"), *habibu'Llah* („Liebling Gottes") und *sikru'Llah* („Erinnerung Gottes").
163 Stoddart, S. 72f.
164 'Abd al-Qadir as-Sufi, The Hundred Steps, S. 21.
165 Ebenda.
166 Außer den oben genannten fünf (sechs) oder sieben (neun) feinstofflichen Zentren, lataif, werden in verschiedenen sufischen Orden eine Reihe von nebenrangigen lataif durch geistige Übung erweckt. Unter anderem das ‚rechte Schulterlatif' und die Lataif der Knie. Siehe 'Abd al-Quadir as-Sufi, The Hundred Steps.
167 Ebenda.
168 Ebenda.
169 Ebenda.
170 Ebenda.
171 Die Bezeichung von ‚Ich' oder ‚Selbst' führt häufig zu Verwechselungen. Als das ‚Selbst' ist in einem jeden Falle die göttliche Wirklichkeit des Menschen zu deuten, während das ‚Ich' sowohl im gemein menschlichen Sinne als auch im Göttlichen Sinne als das ‚reine Ich' oder ‚göttliche Ich' des Menschen als auch das ‚unbedingte Ich' Gottes selbst verstanden werden kann.
172 Siehe auch: The Hundred Steps, S. 21f.
173 Claudio Naranjo (Psychologie der Meditation), nennt die ‚Erinnerung' den „pyschologischen Aspekt" und die ‚Wiederholung' der sufischen Anrufung den „physiologischen Aspekt" des sikr.
174 Die Stufen der Auslöschung des Reisenden-auf-dem-sufischen-Pfad heißen: fana'-fil-scheik („Auslöschung im Scheich"), fana'-fil-pir („Auslöschung im Oberhaupt einer sufischen Bruderschaft, dem Pir"), fana'-fil-rasul („Auslöschung im Gesandten [Gottes]") und fana'-fil-Allah („Auslöschung in Gott").
175 Siehe Claudio Naranjo/ Robert Ornstein, Psychologie der Meditation.
176 Siehe auch The Hundred Steps, S. 22f.
177 Siehe auch Trimingham, S. 211.
178 Auliya' (Einzahl: wali): die Gemeinschaft der Heiligen (Gottesnahen).

179 Trimingham, ebenda.
180 Der Ägypter Dr. Salah Eid nennt die ‚geistige Schau' mit einem eher psychologischen Ausdruck „Selbstkontrolle".
181 In der (in der Bundesrepublik) gerade unter Psychologen und Therapeuten weitverbreiteten tariqa (Bruderschaft, Orden) Schasuli-Dessuki-Burhani werden ‚große' und ‚kleine' ‚Kette' unterschieden. Während die erstere elf der insgesamt über siebzig Scheich- und Scheich-Geschlechter der geistigen Ahnenkette umfaßt, erfaßt die letztere (große) ‚Kette' dreiundzwanzig der geistigen Ahnen.
182 In einigen ‚Ketten' (silsilah) sufischer Orden ist auch der Offenbarungsbringer Dschibriel (Gabriel) selbst aufgeführt.
183 Burckhardt, S. 118.
184 Der Begriff ‚murschid' ist eine andere Bezeichnung des sufischen geistigen Führers, des Scheichs, wird aber im allgemeinen nur für regionale geistige Führer einer Sufi-Bruderschaft verwendet.
185 Insofern unterscheiden die Sufi bezüglich der Behandlung von Träumen und geistiger Schau zwischen tafsis und ta'bir. Wohingegen tafsir eine unmittelbare sinnbildliche Analogieauslegung eines Traumes oder einer geistigen Schau beinhaltet, und d.h. das Ersetzen eines (nämlich des geschauten) Sinnbildes durch ein anderes (nämlich durch dasjenige der Deutung), bedeutet ta'bir eine Hinführung des Träumers oder geistig Schauenden in die unmittelbare Wirklichkeit selbst.
186 Siehe auch das Kapitel über ‚sirat' in: Das Totenbuch des Islam, S. 141.
187 Das Ewige im Vergänglichen, S. 120.
188 Anspielung auf Helmut Ritters Abhandlung über Farid-ud-din 'Attars „Das Meer der Seele".
189 Siehe auch Burckhardt, Vom Sufitum.
190 Sufi Studies: East and West, S. 102.
191 Ebenda.
192 Ebenda. Was nicht ausschließt, sondern eher bekräftigt, daß der Scheich als Sinnbild des metaphysischen Menschen auch und vor allem energiemäßig die Gedankenwellen seiner Muriden in dem latif seines ‚dritten Auges' (nafs-i-natiqa) wie seines tief im Gehirn verborgenen nafi-i-kulli unmittelbar und nicht nur in Gedanken codiert empfängt.
193 Understanding Islam, S. 113.
194 Frithjof Schuon (S. 111) sagt hierzu: „Ein Punkt, welcher hier herausgebracht werden sollte, ist, daß der Prüfstein metaphysischer Wahrheit oder ihrer Tiefe nicht in der Vielschichtigkeit oder Schwierigkeit ihres Ausdruckes liegt, sondern in der Eigenschaft und Wirkungsfähigkeit ihrer Sinnbildlichkeit, unter Berücksichtigung einer besonderen Aufnahmefähigkeit und eines besonderen Denkstiles. Weisheit liegt nicht in einer wie auch immer gearteten Zusammenstellung von Worten, sondern in der Tiefgründigkeit ihrer Absicht."

Erläuterung der Fachausdrücke und Eigennamen

Das Zeichen ' wird alphabetisch noch vor dem „a" bzw. „A" als erster Buchstabe sortiert.

'alam al-adschsam – Welt der Körper, stoffliche Welt.
'alam al-arwah – Welt der (reinen) Geister – jenseits der psychischen Welt.
'alam al-mithal – Welt der Ähnlichkeiten, analogische Welt.
'alam-i-dschabarut – Welt der Allmacht, Welt der Mächte, Welt der Seelenkräfte.
'alam-i-hahut – Welt reiner Gottheit, das reine göttliche Wesen.
'alam-i-lahut – Welt der göttlichen Natur; Welt, die nur aus göttlichen Eigenschaften besteht.
'alam-i-ma'na – Welt geistiger Wahrnehmung.
'alam-i-malakut – Welt der Vorstellungskraft.
'alam-i-surat – Welt der Formen.
'alim – der Wissende.
'Issa – arabisch/ koranisch für Jesus.
'Llah al-Haqq – Gott der Wirklichkeit (oder Wahrheit).
a lastu bi-Rabbikum – „Bin ich nicht euer Herr ?", Urfrage, die Gott seinen Geschöpfen gestellt hat.
a'usu bilahi minna scheitan-ir-radschiem – „Gott beschütze uns vor dem gesteinigten Satan", islamische Abwehrformel gegen das Böse.
A. Reza Arasteh – Prof. Dr., Psychologe an der George Washington University Medical School, Autor von Rumi The Persian: Rebirth in Creativity.
Abd' al-Qadir as-Sufi al-Murabit – zeitgenössischer schottischer Sufi-Meister, dessen bürgerlicher Name Ian Dallas ist.
Abu Hamid al-Ghasali – bedeutender Gestalter des Sufismus, der die islamische Scholastik mit der islamischen Mystik verknüpfte, starb 1111.
Abu'l Hussein al-Nuri – gest. 907, bedeutendster Sufi-Vertreter der selbstlosen Liebe, gehört zu den enthusiastischen Sufi-Mystikern.
achl suffa – wörtlich „Leute der vordersten Reihe", Bezeichnung derjenigen der Gefährten des Propheten Mohammed, die mit ihm in der vordersten Reihe beteten.
achwal – Mehrzahl von ‚hal'; Bezeichnung des Augenblickszustands des Sufi-Mystikers, der von der zeitlich längeren ‚Station' (‚maqam') zu unterscheiden ist.
ahadith – Mehrzahl von hadith; gesammelte Sprüche entweder des Propheten Mohammeds oder über den Propheten Mohammed und seine Gefährten. Diese Sprüche oder Berichte dienen dem Muslim zur Erhellung seiner Haltung und Taten im Alltag. Sie sind zudem ein Kommentar zum Göttlichen Gesetz, das der Koran enthält.
al-'arif bi'Llah – Gnostiker, dessen Wissen nur aus Gott und nicht aus Büchern kommt.
al-barakat al-muhammadiyah – der „mohammedanische Segen", der in allen vom Propheten Mohammed angeregten Lebensweisen und Handlungen liegt.
Al-Ghasali – siehe unter Abu Hamid al-Gasali.
Al-Hadsch Scheikh Abdullah Halis Dornbrach – zeitgenössischer deutscher Sufi-Meister, der autorisierter scheik (siehe dort) der Mevlevi-, Rifa'i und Halveti-Bruderschaft ist.
Al-Hadsch Scheikh Mohammed 'Ali – in den 80er Jahren verstorbener jemenitischer Sufi-Heiler, der vor allem in Großbritannien wirkte.
Al-Halladsch – Husain ibn Mansur al-Halladsch, gest. 922, dessen Äußerung „ana'l-Haqq" – „ich bin die Wahrheit" – ihn zu einem bedeutenden Märtyrer der

mystischen Liebe machte, da man ihn infolge dieser Äußerung grausam hinrichtete.

al-hamdu-lillah – „dank sei Gott!", eine der zentralen islamischen Gottespreis-Formeln.

al-Haqq – „Die Wirklichkeit" oder „Die Wahrheit", einer der 99 Schönen Namen Gottes. In einigen Sufi-Bruderschaften wird dieser Name Gottes synonym und anstelle des Namens ‚Allah' verwendet.

al-ichlas – „die Aufrechte", Titel der 113. Koran-Sure, die eine besondere Bedeutung für jeden Sufi besitzt. Die Lehre besagt, daß durch das wiederholte Aufsagen dieser Sure (bis 1117 x am Tag) der wirksame Gehalt dieses koranischen Kapitels zur Wiederherstellung der verlorenen Einheitserfahrung im Aufsagenden führt.

al-insan al-kamil – „der vollkommene Mensch"; Bezeichnung des vollkommenen Sufis. Dieser Begriff wurde wesentlich durch den Sufi-Mystiker Jami und seine gleichnamige Schrift geprägt.

al-latif – „das Feine", „das Feinstoffliche", „das Durchscheinende". Bezeichnung eines subtilen Erfahrungs-Organs.

al-Mustafa – „der Allerauserwählteste", Beiname des Propheten Mohammed, der im Alten Testament vorausverkündet wurde.

Ala' al-Daulah Simnani – gest. 1336, bekannter Sufi-Mystiker in der Tradition des noch bekannteren Erleuchtungs-Lehrers Najmuddin Abu'l-Jannab Kubra, der eine Analogie zwischen den Propheten und den feinstofflichen Erfahrungszentren im Menschen entwickelt hat.

alif – der Buchstabe „A", für den Sufi ein Sinnbild seines Schöpfers.

Allah – Al-lah, „der Gott"; dieser Name Gottes wurde schon im alten Babylon („illu") von den Assyrern und Sumerern verwendet. Im Hebräischen der Bibel findet er sich als „Eloh(im)" wieder. Jesus sprach ihn aramäisch als „Ällahi". Im Spanischen heißt dieser Name „Olé(h)".

Allah-ta'ala – „Gott, der Erhabene (Hohe)". „ta'ala" ist eine der vielen Eulogien, die der Muslim im Anschluß an die Namensnennung Gottes ausspricht.

Allahu akbar – „Gott ist groß" oder auch „Gott ist größer"; dieser koranische Ausspruch erinnert den Muslim daran, daß keine Vorstellung und kein Glaube die Wirklichkeit Allahs gänzlich umfassen kann. Jede Bewegung beim islamischen Gebet wird vom Aussprechen dieser Erinnerungsformel begleitet.

Allahumma salli 'ala Seyyidina Muhammed wa alihi wa sallem – „O Gott, lenke unser Gebet auf den Prinzen Mohammed, auf die, die ihm folgen, und auf den Frieden"; dieser Gebetswunsch wird täglich in vorbestimmter Anzahl von allen Derwischen wiederholt.

amr – „der Göttliche" „Befehl" („sei! – und es ist"), der der „alleinige Anteil" (so Ibn al-'Arabi) Gottes an Seiner Schöpfung ist.

an-nafas ar-rachmaniyya – „der Atem des Erbarmungsvollen", Ausdruck der vollendeten Feinstofflichkeit. Der Sufi, der sich in diesem Zustand befindet, empfindet sich wie eine Atemwolke, die ihn mit Barmherzigkeit umhüllt.

An-Nauawi – Iman Muhyi al-Din Abu Zakariya an-Nauawi, gest. 1277, Rechtsgelehrter der schafi'itischen Rechtsschule des Islam; verfaßte Werke über Grammatik, islamisches Recht und hadith.

ana'l-Haqq – „ich bin die Wahrheit" oder auch „ich bin die Wirklichkeit"; berühmte mystische Äußerung des Sufi-Mystikers Hallaj, in der man eine Gott-Gleichstellung dieses Mystikers sah.

anta – „du". Die Sufi-Mystik unterscheidet drei Stufen der Gottesanrufung. Stufe eins – die Stufe der Abwesenheit, in der Gott für den Anrufenden ein „er" (huwa) ist. Stufe zwei: die Stufe der Gegenwart Gottes, in der Gott als ein „du" (anta) angerufen wird. In Stufe drei sind Mensch und Gott in ihrer „Ich-Anrufung" (anna) vereint.

ar-ruh – „der" Geist; im Sufitum der Lebensstrom, den der Mystiker nach Überwindung seiner Seelenunruhe erfährt. Der Zustand der wiedererlangten ‚Unerschaffenheit', wenn aller Schöpfungstrieb ausgereift ist.

arkan – „Pfeiler", „Säulen"; terminus technicus für die fünf religiösen Grundpflichten im Islam: der Bezeugung (schahada), dem fünfmaligen täglichen Gebet (salat), dem Fasten im Monat Ramadan (saum), der Almosenpflicht (zakat) und der Pilgerreise (hadsch)-

as-salamu aleikum wa rachmatullah – „der Friede sei mit euch und die Barmherzigkeit Gottes"; Beendigungsformel des rituellen Gebet und ritueller islamischer Gruß.

As-Sanusi – lybischer Sufi-Mystiker (gest. 1931), der zum Befreiungsheld von Lybien wurde.

astarchfirullah al-'asiem huwa tauwab ur-rachiem – „Verzeih uns Gott, der Mächtige, der der Verzeihende und der Erbarmungsvolle ist"; rituelle Wiederholungsformel der Sufis.

auliya' – Mehrzahl von ‚wali', „Freunde (Gottes)", „Heilige"; Bezeichnung für eine besondere Kategorie von Sufi-Meistern, die in Gott ganz „eingetaucht" sind.

bachr un-nar – „Meer des Feuers"; terminus technicus für das unter dem Nabel befindliche Subtilzentrum.

Baha-ud-din Naqschband – gest. 1390, der in Bukhara gebürtige Sufi-Meister, gilt als Begründer des nüchternen Ordens der Naqschibandiyye. Sein Einfluß und Ruhm ist in ganz Zentral-Asien unübertroffen.

baqa' – „Fortbestehen", „Fortdauern"; göttliche Festigkeit, die sich nach dem Auslöschen aller vergänglichen Substanzen im Menschen ohne Zutun einstellt.

barakah – „Segen", der geistige Einfluß.

batin – „verborgen", im Gegensatz zu ‚sahir' – offen, manifest. Typischer Ausdruck der dualen Begrifflichkeit im Sufismus. Man könnte diesen Begriff auch als „innerlich" im Gegensatz zu „äußerlich" übersetzen.

Bayasid Bistami – gest. 874, asketischer Sufi-Heiliger, der aus dem Nordwest-Iran stammt, dessen Lehre eine gewisse Verwandtschaft mit dem Vedanta aufweist. Der Sufi-Weg von Bayazid Bistami wird oft als „negativer Weg" der Entsagung bezeichnet.

bismillah – „im Namen Gottes", islamische Einleitungsformel für alles Handeln, Sprechen und Denken.

bismillah ir-rachman ir-rachiem – „im Namen Gottes, des Gnädigen, des Allerbarmers"; koranische Einleitungsformel, mit der bis auf eines alle Kapitel des Korans eingeleitet werden.

Buraq – Mysterienwesen, mit dem der Prophet Mohammed geistig von Medina nach Mekka, von Mekka nach Jerusalem und vom Felsendom in Jerusalem durch die sieben Himmel gereist ist.

chalifa – „Stellvertreter"; meistens im Zusammenhang mit der Stellvertretung Gottes verwendet.

chuluat – „Einsamkeit"; Bezeichnung für die 3-,4-,5-,7-,21-,40- oder 41tägige Einkehr, in der der Sufi-Aspirant weitgehend fastet, vom Außenlicht abgesperrt ist, sich mit niemandem unterhält, höchsten zwei Stunden pro Tag schläft und sich den Rest des Tages und der Nacht frommen Litaneien und Gebeten widmet.

darvisch – (persisch- Derwisch) „Schwelle"; persischer Begriff für jemanden, der auf dem Sufi-Weg ist, ohne schon ein Sufi zu sein.

Dschahannam – „Feuer", islamische Höllenbezeichnung.
Dschalal-ud-din Rumi – gest. 1273, bedeutendster islamischer Liebes-Dichter, Begründer des Ordens der drehenden Derwische.
Dschibriel – „Gabriel"; der Engel des Wissens und der Offenbarung.
dschihad – „Anstrengung (auf dem Wege Gottes)", häufig bezeichnet als „Heiliger Krieg"; der Islam unterscheidet den „kleineren" (den äußerlichen Verteidigungskrieg) vom „größeren" „Heiligen Krieg" (dem innerlichen „Krieg" gegen sich selber als eigenen Feind).
Dschinnen, dschinni – die „Dämonen" oder „Genien"; koranischer Ausdruck für alle Art von Seelenkräften.
Dschunaid – Abu'l-Qasim Muhammad Dschunaid, gest. 910, Führer der sogenannten irakischen Schule der nüchternen Mystik, die die „Moral" bzw. gute Lebenssitte in den Vordergrund stellte; Dschunaid gilt als die Zentralfigur der frühen Sufi-Geschichte.
dunya – scheinhaftige Welt, im wesentlich analog zu „maya"; das Sufitum versteht unter diesem Begriff jede Art der Weltverstrickung, die ihn vom Gottesdienst abhält.
fakir – „Armer", Begriff, mit dem sich die Derwische selber bezeichnen.
fana' – „Auslöschung", „Entwerden"; Zustand der Ich-Freiheit und existentiellen Erlösung, auf den die Sufi-Methodik insgesamt zielt.
fana'-fil-Allah – „Entwerden in Gott", höchste Zustandserreichung für einen Sufi-Aspiranten, der das Entwerden im Meister und das Entwerden im Propheten (Mohammed) vorausgeht.
fana'-fil-pir – „Entwerden im (Ordens-) Oberhaupt", wörtlich: „Entwerden im Älteren"; zweite Stufe im Entwerdungsprozeß, der die erste Stufe des Entwerdens im unmittelbaren geistigen Lehrer vorausgeht.
fana'-fil-rasul – „Entwerden im Gesandten (Gottes)"; das-sich-Verlieren im Propheten Mohammed bzw. das Identisch-Werden mit dem Propheten Mohammed. Dritte Stufe im Entwerdungsprozeß.
fana'-fil-scheik – „Entwerden im Meister"; Identitätserfahrung mit dem (unmittelbaren) geistigen Führer des Sufi-Novizen.
Farid-ud-din 'Attar – gest. 1220, herausragender Sufi-Dichter, dessen Erzählung der „Konferenz der Vögel" oder „Vogelgespräche" weltberühmt ist.
fatihah – (al-fatihah), „die Eröffnende", Titel des Eröffnungskapitels des Heiligen Koran; meistrezitiertes Gebet der Muslime und Sufis, das der ‚Eröffnung' von allem, was verschlossen ist, dient.
fikr – „Besinnung", „Nachdenken", „Kontemplation" – auch Rechtsanalyse; Pendant zum sikr (siehe dort).
fitrat – Urform, Sufi-Begriff für einen Menschen, der innerlich frei von jeder Art Verzerrungen und Anspannungen ist.
fu'ad – „Herz"; der Teil des Herzens, der die Erkenntnis empfängt.
furqan – (al-furqan), „Kriterium", -,,Unterscheidung", einer der Beinamen des Heiligen Korans.
ha – der Buchstabe ‚h', aber auch der reine Ton des Atems. Dieser Buchstabe gilt als heiligster Konsonant.
habibu'Llah – „Liebling Gottes"; einer der Beinamen des Propheten Mohammeds, der im Koran offenbart wurde.
hadith – „Ausspruch", „Spruch", „Bericht", „Überlieferung"; Nachricht über Aussagen und Taten des Propheten Mohammed oder seiner engsten Gefährten und Nachfolger.
hadith qudsi – „heilige Überlieferung"; gesicherter Bericht einer vom Propheten Mohammed übermittelten Aussage, die unmittelbar auf Gott zurückgeführt wird.

hadsch – „Pilgerreise"; einer der fünf Glaubens-Pfeiler des Islam, rituelle Reise nach Mekka, die für den Muslim (so er die Voraussetzung dafür erfüllt) Pflicht ist.

hal – mystischer „Zustand", momentaner Zustand, der von der „Stufe" (maqam), d.h. einem „gesicherten" und längerfristigen mystischen Entwicklungsstand abgegrenzt wird.

haqiqah – „Weisheit", innerste Wahrheit; Begriff für substantielles Sein und Erleben.

haqiqah al-muhammadiyya – die „mohammedanische Realität"; sufischer Fachbegriff für den substantiellen Wert der prophetischen Botschaft; der „archetypische Mohammed".

hayrah – „Verwirrung"; notwendige mystische Stufe, die aus der falschgefügten „Ordnung", der psychischen Starrheit herausführt.

himma – „Strebenskraft"; sufischer Begriff für das antreibende Element, das den Mystiker innerlich drängt.

hosch dar dam – „Aufmerksamkeit beim Atmen", eine der zentralen Regeln der klassischen Naqschibandi-Sufi-Tradition.

Hossein Nasr – führender zeitnössischer (schiitischer) Sufi-Gelehrter, der an den Universitäten Harvard und in Washington lehrt.

Huwa – „Gott ist", einer der Schönen Namen Gottes, der häufig von den Sufis/Derwischen angerufen wird. Wird oft als Synonym und anstelle von ‚Allah' verwendet.

Ibn al-'Arabi – gest. 1240, gilt als „größter „der" Meister" der Sufis; Begründer einer theosophischen Schule, die u.a. auch Einflüsse auf den Chassidismus und die mittelalterliche christliche Scholastik ausübte.

ichsan – die heilige „Tugend"; praktisches Tun, das auf die Stufen der Ergebung (islam) und Glauben (iman) folgt.

ijaßa – „Freibrief"; Ermächtnis-Urkunde, die den Träger dieses Dokuments als einen geprüften geistigen Lehrer ausweist.

iman – „Glaube"; siehe auch unter islam und ichsan.

islam – „Hingabe", „Einwilligung", „Ergebung"; grundsätzliche Anerkenntnis des durch Gott offenbarten Gesetzes. Vorstufen zu iman und ichsan (siehe auch dort).

ka'anna – „ich tue so als ob"; Methode des antizipatorischen Sich-Hineinversetzens, die – als bewußter Akt – im Sufitum erlaubt ist.

Ka'ba – „Kubus", „Würfel"; Höchstes Heiligtum des Islam, das als vom Propheten Abraham erbaut gilt.

kun! – „Sei!"; Schöpfungsbefehl Gottes und – in der Lehre Ibn al-'Arabis – dessen einziger Beitrag zur Schöpfung.

la – „kein", „nein", „nicht(s)", arabische Verneinungsform.

la ilaha illa 'Llah – „Keine Gottheit es sei denn Allah"; islamische Bekenntnisformel; wird von den Sufis als eine ihrer zentralen Litaneien verwendet.

lam – der Buchstabe „l".

lataif – (al-lataif), die „Subtilen", Mehrzahl von latif (siehe auch dort); Bezeichnung der subtilen Erfahrungsorgane im Menschen.

latif – „feinstofflich", „durchscheinend", „alles durchdringend".

latif nafs-i-kulli – das „feinstoffliche „Organ" der allumfassenden Seele", das sich in der Mitte der Schädeldecke befindet und in anderer Terminologie als „Kronen-Chakra" bekannt ist.

Leila – wörtlich „Nacht", ist im Sufismus Inbegriff jeglichen Gottesanblicks; Leila ist zugleich ein Frauenname und wird von den Sufis als poetisches Stereotyp für die Liebe zu Gott als Gefährtin bezeichnet.

lubb – innerstes Herz; Sitz der menschlichen Einheitserfahrung.
marifa – „Gnosis", „Erkenntnis".
madschhub – „entrückt", „verzückt", geistige Verwirrung, die durch mystische Zustände ausgelöst wird.
mahabba – „Liebe", die gnostisch durchsetzt ist.
maqam – „Stufe", „Station "; mystischer Entwicklungsstand.
maqamat – Mehrzahl von maqam; siehe auch dort.
Maryam – „Maria"; Name der Mutter Jesu, über die im Koran gesprochen wird.
maskur – der „Angerufene", der (Gott), auf den das Sufi-sikr (siehe dort) zielt.
Mevlevi- – die „Meister-Anhänger"; Name der ‚Drehenden Derwische'.
Mevleviyye – siehe unter Mevlevi -.
michrab – Gebetsnische, die die Richtung nach Mekka anzeigt; Sinnbild des reinen Herzens Marias.
Mu'in ad-din Chisti – gest. 1236, gilt als bedeutendster Sufi des indischen Subkontinents; seine Methodik schloß auch die Dichtung und Musik als Lehrinstrumente mit ein.
mudschahada – eigene „Anstrengung"; Weg der Selbstreinigung.
Muhammad – (Mohammed) gest. 632, Prophet und Offenbarungsträger des Islam, sah sich selbst in der Reihe aller vorausgegangenen Gottes-Propheten. Die wichtigsten seiner koranischen Beinamen sind: „der Sklave Gottes", „der Liebling Gottes", „der Erinnerer Gottes".
Muhammad ar-rasulu'Llah – „Mohammed ist Gesandter Gottes"; der zweite Teil im islamischen Bekenntnis, der auf das „la ilaha illa 'Llah" („Kein Gott außer Gott") folgt.
Muhammad Osman al-Burhani – in den 80er Jahren verstorbenes Oberhaupt der sudanesischen Sufi-tariqat Schasuli-Dessuki-Burhani (siehe auch dort).
Muhiy-ed-din Ibn al-'Arabi – siehe unter Ibn al-'Arabi.
muraqaba – mystische „Schau"; Weg visionärer Versenkung.
Muriden – geistige Schüler, deutsches Idiom für muridun (siehe auch dort).
muridun – (im deutschen Sprachgebrauch: Muriden) wörtlich „Angezogene", geistige Schüler, Jünger, Novizen.
murschid – geistiger Führer.
muschahada – „Bezeugung"; Weg durch Bekenntis.
muslim – „Ergebener", „Friedensstifter", abgeleitet von islam (Ergebung) und salam (Frieden).
mutasawwif – Bezeichnung für den, der sich im Sufiwerden befindet.
nafs – „Ich" oder „Seele".
nafs-i-kulli – „allumfassende Seele"; Subtilorgan, das sich in der Mitte der Schädeldecke befindet und in einer anderen Terminologie auch als „Kronen-Chakra" bekannt ist.
nafs-i-natiqa – „die fordernde Seele"; subtiles Erfahrungsorgan, das sich im Punkt des „dritten Auges" befindet.
Naqschibandi – (Naqschibandiyye), Orden der ‚Schweigenden Derwische', einer der nüchternen Orden.
Nisami – gest. 1203, neben Sa'di der subtilste aller Sufi-Dichter, dessen Werke wie „Leila und Madschnun", „Die sieben Prinzessinnen", „Chosrou und Schirin" zur Weltliteratur zählen.
Nur – (an-Nur) Licht des Lichts oder Göttliches Licht; an-Nur wird von den meisten Sufis zu den Namen Gottes gezählt. Für einige ist er der Höchste Name.
nur muhammadiyya – das „mohammedanische Licht"; Bezeichnung höchster Feinstofflichkeit, in die der Sufi auf seinem Weg transformiert wird.

Pir – der „Älteste"; Bezeichnung des Oberhaupts eines Sufi-Ordens in der persischen Sprache.
qalb – „Herz"; eines der feinstofflichen Organe.
qibla – „Richtung"; Gebetsrichtung, die jeweils nach Mekka ausgerichtet ist.
qutb – „Pol"; höchster Sufi-Vertreter einer Dekade.
rabita – „Verzahnung"; Konzentrationstechnik, durch die sich der geistige Schüler mit seinem geistigen Lehrer von Herz zu Herz verbindet.
rasulu'Llah – „Gesandter Gottes"; Beiname des Propheten Mohammed.
ruh – „Geist"; im Sufismus eines der Subtilorgane auf der rechten Seite der Brust.
ruh-Allah – „Geist Gottes", Beiname von Jesus im Islam.
ruku' – „Verbeugung", Halbbeuge; eine der vier Gebetshaltungen des rituellen islamischen Gebets.
sad-fa-wau – tief gesprochenes „s", „f" und „w" (oder „u"); Wurzelbuchstaben des arabischen Alphabets.
sadr – „Brust"; eines der Subtilorgane der Sufis.
sadschda – Bezeichnung der Niederwerfung im rituellen islamischen Gebet.
sahir – (as-sahir), das „Offenbare"; im Sufitum polar zu al-batin – das „Verborgene" verwendet.
sakat – Almosensteuer; eine der fünf Glaubens-Pfeiler (arkan) im Islam.
sakir – (as-sakir), der den sikr (siehe dort) „Anrufende".
sakirun – Mehrzahl von (as-) sakir (siehe auch dort).
salat – „Gebet"; Bezeichnung des rituellen Pflichtgebets im Islam.
salik – der „Reisende"; übliche Bezeichnung eines Menschen auf dem geistigen, insbesondere dem Sufi-Wege.
Sanusiyya – lybische Sufi-Bruderschaft, begründet von as-Sanusi (siehe auch dort).
saum – „Fasten"; einer der fünf Pfeiler (arkan) des Islams.
schahadah – „Bezeugung"; islamisches Bekenntis (la ilaha illa 'Lllah, Muhammad ar-rasulu'Llah – „Keine Gottheit außer Gott, Muhammed ist Gesandter Gottes").
schari'ah – auch schari'at, „Straße"; Bezeichnung des durch den Koran herabgekommenes Gottesgesetzes; die schari'ah ist die „offene Straße zum Heil (Islam)".
Schasuli-Dessuki-Burhani – bedeutende Sufi-Bruderschaft, die vor allem in Nordafrika (Ägypten und Sudan) dominant ist.
schayatin – die „Satane"; Einzahl schaytan.
Scheich Nasim Qubrusi – heutiges Oberhaupt des Sufi-Ordens der Naqschibandiyye (siehe auch dort).
scheik al-kamil – „Meister der Vollkommenheit".
scheik el-akbar – der „größere Meister"; Beinamen des Sufi-Mystikers, Ibn al-'Arabi (siehe auch dort).
scheitan – „Satan".
schirk – „Beigesellung", „Nebengöttertum"; Verletzung der Alleinstellung Gottes; gilt als ärgster und nicht reversibler Verstoß gegen den Islam.
sikr – „Erinnerung", „Wiederholung", „Anrufung"; leise oder laute Aufsagung der Schönen Namen Gottes; Hauptübung der Sufis.
sikr chafi – „verborgene Anrufung"; Anrufung der Namen Gottes, die sich im „verborgenen Subtilorgan" abspielt.
sikr jechri – „laute Anrufung"; hörbare Litanei der Schönen Namen Gottes, bei der der Mund geöffnet ist und die Zunge sich bewegt.
sikr qalbi – „Anrufung mit dem Herzen"; mehr innerliche Litanei, die mit einer Konzentration auf das Herz einhergeht.
sikru'Llah – der „Erinnerer Gottes"; koranischer Beiname des Propheten Mohammed.

silsilah – „Kette"; geistige Ahnenkette eines Sufi-Ordens, die bis auf den Propheten Mohammed zurückgeht.

sirat – gemäß dem Koran die „Brücke" über dem Feuer (der Hölle), die feiner ist als ein Haar, und über die nur der gläubige Muslim zu gehen vermag.

Sirdal Ikbal 'Ali Shah – afghanischer Sufi-Meister, der Anfang dieses Jahrhunderts den Sufismus insbesondere auch in England verbreitet hat.

sirr – „Geheimnis"; eines der Subtilorgane des Menschen; das „vibrierende Band im Herzen des Menschen".

sook – (in anderer Umschriftform häufig auch „dhawq" geschrieben), „Geschmack"; Bezeichnung für die unmittelbare und ganz persönliche mystische Erfahrung.

subhana-Llah – „gepriesen sei Gott"; Standardformel im Islam, die ein Muslim angesichts einer Reihe feststehender Gelegenheiten spricht.

Suchrawardi – 'Umar as-Suchrawardi, gest. 1234, Bagdader Sufi-Meister, der das berühmte Sufi-Standardwerk „Die Gaben der Erkenntnisse" schrieb.

suf – mystische Lautfolge, laut Idries Shah ohne jede Bedeutung.

Sufi – Name für den islamischen Mystiker.

sufiyyah – Bezeichnung dessen, der das Sufi-Ziel, das Aufgehen in Gott, erreicht hat.

sunna – (eingedeutscht auch Sunna geschrieben) „Brauch"; Lebens- und Handlungsmuster im Islam, das durch den Propheten Mohammed vorgebildet ist. Die Lebensempfehlung im Islam.

sura – „Form"; Bezeichnung eines der 114 Kapitel des Heiligen Koran.

surat al-fatihah – das „Eröffnungs-Kapitel"; Name des 1. Kapitels im Koran.

surat al-ichlas – das „Kapitel der Aufrichtigkeit (oder Einheit)"; Name des 113. Kapitels des Korans.

surat al-kahf – Das „Kapitel von der Höhle" (vom Berg); Name des 18. Kapitels des Heiligen Koran.

ta'bir – Analogieauslegung eines Traums oder einer Vision.

tadsch – „Krone"; typische Kopfbedeckung eines Muslims.

tadschried – Loslösung von Äußerlichkeiten.

tafried – Loslösung von inneren Verhaftungen (Komplexen).

tafsir – eine der Deutungsarten eines Traums oder einer Vision.

tariqah – „Weg" – übliche Bezeichnung eines Sufi-Ordens, bzw. einer besonderen geistigen Vorgehensweise; Bezeichnung der speziellen Sufi-Methode.

tauhied – „Einssein", Einssein Gottes; zentrales islamisches Credo.

tedschelli – „Ausstrahlung", „Leuchten"; Bezeichnung der Emmanationen der Schönen Namen Gottes.

tesbih – „Lobpreis"; islamischer Rosenkranz zur Abzählung der Namens-Litaneien.

turuq – Mehrzahl von tariqa (siehe dort).

wachdat al-wudschud – „Einheit des Seins"; Lehre über den Zusammenhang der gesamten Schöpfung; zentrale Sufi-Doktrin.

wali – Mehrzahl auliya',,Freund", „jemand, der unter einem besonderen Schutz steht"; Bezeichnung eines Heiligen im Islam.

wasifa – „Mantra"; dem Sufi-Muriden (Schüler) vom Meister gegebener Name Gottes, den dieser in einer bestimmten Anzahl täglich wiederholt.

wudu' – „Waschung", „Reinigung"; islamischer Vorbereitungs-Ritus, der Voraussetzung für alle Sakral-Riten ist.

ya Asies – „O du Mächtiger" oder „O du Edler"; von der Sprachwurzel cassa, „stark, mächtig, angesehen sein, selten ‚lieb, teuer"; einer der „99 Schönen Namen Gottes".

ya Da'iem – „O du Immerwährender" ; von der Sprachwurzel daama, „dauern, fortdauern, andauern, beharren"; einer der „99 Schönen Namen Gottes".

ya Haqq – „O du Wahrheit" oder „O du Wirklichkeit"; von der Sprachwurzel haqqa, „wahr, recht, richtig sein, sich vergewissern, sicher sein"; einer der 99 Schönen Namen Gottes.

ya Hayy – „O du Lebendiger"; von der Sprachwurzel hayya, „leben"; einer der 99 Schönen Namen Gottes.

ya Hu – „O du, der du bist"; von den Sufis bevorzugter Name Gottes, der in der Hierarchie der angerufenen Namen gleich hinter Allah steht. Anstelle von „Er, der ist" kann dieser Name auch als „Es, das ist" übersetzt werden.

ya Latif – „O du Subtiler (Feiner/ Freundlicher)"; von der Sprachwurzel latif, „gütig und freundlich sein, zart, zierlich sein, elegant, anmutig sein"; einer der 99 Schönen Namen Gottes.

ya Qahhar – „O du Bezwinger"; von der Sprachwurzel qahra, „unterwerfen, bändigen, überwältigen, zwingen, besiegen, erobern"; einer der 99 Schönen Namen Gottes.

ya Qajjum – „O du, der aus sich selbst besteht"; von der Sprachwurzel qama, „aufstehen, sich stellen, sich aufrecht hinstellen"; einer der 99 Schönen Namen Gottes.

ya Rachiem – „O du All-Barmherziger"; von der Sprachwurzel rachiema, „sich erbarmen, Mitleid empfinden"; einer der 99 Schönen Namen Gottes.

ya Rachman – „O du du All-Gnädiger"; von der Sprachwurzel rachiema, „sich erbarmen, Mitleid empfinden"; einer der 99 Schönen Namen Gottes, der auch als der „Thron Gottes" bezeichnet wird.

ya Wadud – „O du Liebender"; von der Sprachwurzel wadda, „lieben, gern haben, mögen" ; einer der 99 Schönen Namen Gottes.

Angeführte Literatur

'Ali, Abdullah Jusuf, The Holy Qur'an, Beirut, 1968.
'Arabi, Muhyi-d-din Ibn el-'Arabi, Fusus al-Hikam, The Wisdom of the Prophets, Gloustershire 1975.
Arberry, A. J., Sufism. An Account of the Mystics of Islam, London 1979.
Bakhtiar, Laleh, Sufi, Ausdrucksformen mystischer Suche, München 1987.
Bennet, J. G., Die Meister der Weisheit, Freiburg 1978.
Burckhardt, Titus, Vom Sufitum. Einführung in die Mystik des Islams, Weilheim 1953.
Capra, Fritjof, The Tao of Physics, Shambhala 1975.
Corbin, Henry, The Creative Imagination of Ibn 'Arabi, Princeton und London 1969.
Ghasali, Ahmed, Gedanken über die Liebe, Mainz 1976.
Ghasali, Abu Hamid Al-, Das Elixier der Glückseligkeit, Düsseldorf und Köln 1979.
Gurdieff, G. I., Begegnungen mit bemerkenswerten Menschen, Freiburg 1978.
Khan, Vilayat Inayat, Sufismus. Der Weg zum Selbst (Stufen einer mystischen Meditation), Weilheim 1975.
Lings, Martin, Was ist Sufitum ?, Freiburg 1990.
Makowski, Stefan (Steff Steffân), Antworten der Sufi, Gespräche mit den Sufi-Meistern, unveröffentlichte Schrift.
Makowski, Stefan, Leila und Madschnun, Entwurf eines Urbildes der Liebe (Erste Gedanken zu einer Bühnenfassung des berühmtesten Romanes des Orients), in SUFI, Zeitschrift für Islam und Sufitum, Bahlburg 1983.
Makowski, Stefan, Umwandlung durch Sufitum, PRANA 1982, Jahrbuch für Yoga, München, Bern. 1981.
Nasr, Seyyed Hossein, Science and Civilization in Islam, Cambridge 1968.
Nasr, Seyyed Hossein, Three Muslim Sages, Cambridge 1969.
Nasr, Seyyed Hossein, Ideals and Realities of Islam, London 1971.
Nasr, Seyyed Hossein, Sufi Essays, London 1972.
Nauawi, An-Nauawis, Forty Hadith, Damaskus 1976.
Ouspenky, P. D., Auf der Suche nach dem Wunderbaren, München 1978.
Palmer, E. H., Oriental Mysticism, London 1969.
Qadi, Imam 'Abd ar-Rahim Ibn Ahmad al-Qadi, Das Totenbuch des Islam, München, 1981.
Robson, James (Übers.), Mishkat al-Masabith, Sh. Muhammad Ashraf, Lahore, Pakistan, 1975.
Schimmel, Annemarie, Mystische Dimensionen des Islam, Köln 1985.
Schuon, Frithjof, Das Ewige im Vergänglichen. Von der einen Wahrheit in den alten Kulturen, Weilheim 1970.
ders., Understanding Islam, London 1976. Islam verstehen, Bern 1991.
ders., Über Wissenschaft und Gnosis, unveröffentlichte Schrift.
Shah, Idries, Die Sufis. Botschaft der Derwische, Weisheit der Magier, Düsseldorf und Köln 1980.
Shah, Sirdar Ikbal 'Ali, Islamic Sufism, New York 1971
Stoddart, William, Das Sufitum. Geistige Lehre und mystischer Weg, Braunschweig 1979.
Sufi, 'Abd al-Qadir as-, Der Pfad der Liebe, Bern 1982.
Sufi, 'Abd al-Qadir as- (Sufi) ad-Darqawi, The Hundred Steps, Norwich 1979.

Suhrawadi, Shihab ad-Din as-, Die Gaben der Erkenntnis ('Awarif al-ma'arif), Wiesbaden 1979.

Tarjumana, Aisha 'Abd ar-Rahman at-, The Subatomic World In The Qur'an, Norwich 1980.

Trimingham, J. Spencer, The Sufi Orders In Islam, London, Oxford, New York 1973.

*Leser, die an der Sufi-Praxis interessiert sind, können sich
an folgende Adressen wenden:*

Institut für Sufi-Forschung und Sufi-Förderung
Im Klintwinkel 1, 38170 Winnigstedt, Telefon 0 53 36/83 91

West-östlicher Divan e.V., c/o Rebler
Hintergasse 5, 65520 Bad Camberg/ Dombach, Telefon 0 64 34/80 65

Institut für Sufi-Forschung und Sufi-Förderung, Sektion Österreich, Oberleiten 13, A-4881 Straß im Attergau